一路长行

吴锋耀 著

YILU CHANGXING

漓江出版社

· 桂林 ·

图书在版编目(CIP)数据

医路长行 / 吴锋耀著. --2版. --桂林:漓江出版社,2020.11

ISBN 978-7-5407-8942-8

Ⅰ.①医… Ⅱ.①吴… Ⅲ.①回忆录—中国—当代 Ⅳ.①I251

中国版本图书馆CIP数据核字(2020)第213413号

YILU CHANGXING

医路长行

作　　者　吴锋耀
插　　画　梁允常

出 版 人　刘迪才
策划组稿　黄　圆　何　伟
责任编辑　黄　圆
助理编辑　李瑞华
责任校对　苏子新
整体设计　刘瑞锋
责任监印　张　璐

出版发行　漓江出版社有限公司
社　　址　广西桂林市南环路22号
邮　　编　541002
发行电话　0771-5825315　0773-2583322
传　　真　0771-5825315　0773-2582200
邮购热线　0771-5825315
电子信箱　ljcbs@163.com
微信公众号　lijiangpress

印　　制　广西昭泰子隆彩印有限责任公司
开　　本　787 mm × 1092 mm　1/16
印　　张　19.75
字　　数　300千
版　　次　2020年11月第2版
印　　次　2020年11月第1次印刷
书　　号　ISBN 978-7-5407-8942-8
定　　价　45.00元

序一

当代白求恩精神践行者的行医路

我对于南宁市第四人民医院是比较熟悉的。它在2019年8月获评全国“人文爱心医院”，是一所具有标杆作用的医院，而且这所医院还培养出了两位“白求恩式好医生”，其中一位便是吴锋耀院长（2020年5月后改任南宁市第四人民医院党委书记——编者注）。

锋耀院长从医近40年，担任南宁市第四人民医院院长也10年有余，我知道他是一位有雄才又有情怀的医院领航人。2019年10月，我受邀参加四医院白求恩广场落成和教育基地揭牌仪式，并参加建院60周年院庆活动，对四医院建设发展取得的硕果和处处彰显的人文气息印象深刻。一个医院的发展与决策者有很大关系。是什么样的“舵手”让四医院这艘“大船”在医疗卫生体制改革浪潮中保持高速航行？

我在《医路长行》中找到了答案。这本书是锋耀院长的从医历程记录，每一个阶段都有让人铭记于心的故事。从走出亿佬山乡到成为医学专家，再成长为现代医院管理者，他的行医之路每一步都不容易，但他找到空间，倾尽忠心，攻克万难，最后成功登顶。

在锋耀院长带领下，四医院职工践行人文精神，坚持“以病人为中心”，以改善患者就医体验为出发点和落脚点，给予患者最优质的医疗服务及最温暖的人文关怀。通过打造文化品牌、培育先模品牌、筑起技术品牌，给医院医疗技术改革、服务品质提升和创新发展提供了不竭的动力，吸引了越来越多的高精尖人才加入这支传染病防治队伍。如今，四医院与时俱进，连创佳绩，荣晋三甲。更重要的是，医院从里到外散发出一股自信的力量。

面对传染病，人人恐而避之，曾经连四医院的医护人员也不敢对外承认自己在传染病医院工作。但是锋耀院长以自己的行动改变现实，让全社会都能认识到传染病医院的特殊价值，并带领医院在甲型H1N1流感、H7N9禽流感、埃博拉出血热、中东呼吸综合征等特殊传染病疫情防控工作中发挥重要作用。这次抗击新冠肺炎疫情，四医院再次担当重任，向全社会交出了一份满意的答卷。

锋耀院长不仅是一位优秀的管理者，也是一位纯粹的医者。他不顾恶臭手掏粪便挽救肠梗阻患者性命，看病总是从问候病人开始，在乡下做医生时排除家属疑虑为产妇接生，因为医院需要而放弃10年的内科工作经验转做麻醉医生……笃行医路，将行医看作自己人生的无上荣光。在他看来，既然选择了医生这份职业，就应该尽心尽力地为患者无私服务。《医路长行》讲述了他行医路上的点滴片段，都是用心、用情、有爱的表现，浸满人文关怀。这种对工作极端负责、对人民极端热忱的职业态度正是白求恩精神的真实体现。

白求恩精神在革命战争年代产生，激励了无数的革命战士、志士仁人，如今这种精神穿越时空，仍然具有旺盛的生命力。在新的历史时期，广大卫生与健康工作者更应学习白求恩，弘扬白求恩精神，发扬“敬畏生命、救死扶伤、甘于奉献、大爱无疆”的职业精神，努力全方位、全周期地保障人民健康。在我国进入全面建成小康社会的关键时期，要让各项改革成果惠及民生，让老百姓满意，离不开成千上万医务工作者的奉献和努力，也更加凸显了白求恩精神的教育意义和鼓舞作用。

还记得锋耀院长在2019年“中国医师节”庆祝大会暨第三届中国医学人文大会上代表“白求恩式好医生”向全国医务工作者提出的倡议：不忘医者初心，做党和人民放心的健康卫士；牢记医学使命，为实现健康中国发展目标矢志奋斗；坚持精益求精，不断提升技术水平、服务水平、管理水平；发扬公益精神，做高尚的有益于人民的好医生。他是这么说的，也是这么做的；不仅自己做到了，还在带领着更多的人一起朝着这个方向前进。

袁永林

2020年4月3日

（作者系中国人民解放军总后勤部卫生部原副部长，少将，已退休。现任白求恩精神研究会会长）

序二

吴锋耀院长请我为他的著作《医路长行》作序，我爽快地答应了。虽然我并不善于为别人的著作写序，但我想，从2011年认识吴院长并一起共事后，吴院长和他所在的南宁市第四人民医院给我留下了非常深刻的印象。吴院长本人诚实忠厚、思维敏锐，工作中有政治觉悟，既善于把握大局，又能处理工作细节。南宁市第四人民医院的职工在吴院长的带领下，不断团结进取、一心为民、勇攀高峰的事迹，以及面对危急疫情时所表现出来的英勇无畏的精神风貌，都是值得回顾和书写的。

这本著作记述了吴锋耀院长从医的许多故事和细节，包括他从医的成长过程——从大学毕业回到乡下卫生院，再到县、到市，一步一个脚印，与广大群众血肉相连。这是一个优秀医生成为优秀医院领导的感人历程。书中写到他救助群众于危难之中的感人事迹，建院治院、开拓进取的大事件，以及对同事的感恩感激、树立医生榜样和文化建院等一系列事迹和心路历程，其间也有他的工作体会和随笔。内容丰富，有凝缩漫漫岁月于笔端的感觉。

这本书用朴实生动的语言记叙和描绘了吴院长从医路上所经历和思考的一切，文笔细腻凝练，情真意切，娓娓道来。生活意趣与人生感悟交融一体，医业精神与个人品质紧密相关，个人思想与时代观念渗透无痕。

我借此次作序的机会，向大家尤其是工作在卫生健康战线的同仁们推荐这本书。文中记下的一页页过往岁月，将向我们缓缓打开，舒展出如歌往事、灿烂人生。

是为序。

王福生

2019年10月15日

（王福生，中国科学院院士，解放军总医院第五医学中心感染性疾病诊疗与研究中心主任，主任医师、教授、博士生导师）

序三

罗城人吴锋耀，南宁市第四人民医院院长，以《医路长行》一书，记录他从乡村走到城市的医路历程以及他带领四医院攻克难关、创造奇迹的故事。这些或写人或写事或者干脆就是随思感想的短章，都是医路上的草叶和花朵，除了挂着露珠、沾着泥土、冒着热气，还散发着它们独特的芳香。我知道，这芳香来自一个真正医者的心灵深处。

他生在农村，母亲是当地煮大锅米饭的高手，我想，这种神奇的能力一定也遗传给了他。他后来担任卫生院院长、医务科科长、市医院院长，其实都在考验他“煮大锅饭”的能力，一不小心，米饭就会臭燶，或者半生不熟。老子《道德经》云：“治大国，若烹小鲜。”看来，煮饭或者烹饪，其中都有玄妙之处，不可等闲视之。吴锋耀小时候烧柴灶没烧好，他父亲告诉他一个道理：“人要忠心，火要空心。”他领会了“空心”烧火的技能，认识到给万事万物留“空间”才能有所发展的奥秘。同时，他记住了“忠心”这个词语，这个词语伴随他长大，影响他的三观，对他忠心耿耿于国于家起到了不可低估的作用。他小时候背着弟弟上学，克服了一切困难，成绩名列前茅；他十七岁时，上大学后的第一个暑假就孤身前往外省看望远嫁他乡的姐姐。这种深厚的情谊，我敢说延续到了他待人接物之中。当然，这也有可能是天生的禀性。他就是这样，带着对老师、领导、同事的感恩之情一路走来，带上山中的云月，进了县城，迈入省城，依然没有忘记大山深处那些需要救助的人。供职于南宁市第三人民医院期间，他发起和推动了几次“救心”活动，在社会上产生强烈反响，调动了善念的力量。我知道，吴锋耀心功能不好，还做过心脏手术，他释放出的善念和凝聚人心的热力也许就源于“医吾病，以及人之病”一般的感同身受。

王安石在《游褒禅山记》中说：“世之奇伟、瑰怪，非常之观，常在于险远，而人之所罕至焉。”担任南宁市第四人民医院院长以后，吴锋耀带领他的队伍迎战各种重大疫情，哪里有危险就往哪里冲。每一次疫情来临，对四医院来说都是一场需要誓师的战争。在别人望而生畏的地方，他们微笑着，没有停止脚步。吴锋耀有恐惧吗？当然有。他目送六位穿戴好防护服的医务人员迈进隔离区门口的那一瞬间，在他们和他招手告别的那一刻，他的泪水夺眶而出。他们都能安全返回吗？他感到无比恐惧。他在本书收录的文章《抗击埃博拉，我们准备好了》里说：“传染病医院是医疗卫生战线的特种部队，医务人员则是这支特种部队的特种兵。他们在没有硝烟的战场上抗击各种传染病，冒着职业暴露的风险，冒着生命危险，在坚守，在战斗，在为百姓的生命站岗！他们是一群最可爱的人，全社会都应该敬重他们。四医院作为一所传染病医院，未来不管是非典还是埃博拉，或是更加来势汹汹的风雨，我们一定会时刻做好准备，坚守到最后。”这些朴实无华的语言，读来感人肺腑。

别人做不到的，吴锋耀做到了。在罗城医院后山脚下的传染病区，他初来乍到，换下防护服装，脱下口罩，让长年见不到医生面容的传染病人看到他的微笑。他说："大家好！我是吴锋耀医生！"看似平常的招呼，却蕴含了不平常的勇气。二十出头的年纪，他在乡下卫生院当院长，面对浑身散发着恶臭的病人，他毫不犹豫，用手指从病人的肛门一点点地掏出了一大碗野芭蕉籽。粪水喷了他一身，那一刻，他却忘记了恶臭，内心充满救死扶伤的欢喜。台湾作家张晓风在《念你们的名字》一文中写过："真正伟人的双手并不浸在甜美的花汁中，它们常忙于处理一片恶臭的脓血。"吴锋耀的作为正印证了这个概括。这已经不是一个普通医者的行为，在我看来，已经接近圣者的行为。古之医者，即为圣者，原本就是无上荣光的职司。

因为有了吴锋耀这样的院长，有了与他肝胆相照的领导和同事，所以，原本不起眼的四医院这几年异军突起，连创佳绩，跻身前沿，成功创建为三级甲等医院，涌现出杜丽群、杨修凯、邓建宁等先进模范，向全社会交出了一份"奇伟、瑰怪，非常之观"的完美答卷。人心是最大的政治。四医院凝聚了信念的暖流，调动了人心的力量。作为院长，吴锋耀的胸怀、人格、气度以及智慧，发挥了至关重要的作用。2018年，四医院的邓建宁医生荣获第二届"白求恩式好医生"荣誉称号，四医院专门为此召开了分享座谈会，并邀请我参加，我即席总结了吴锋耀的三个优点："第一，勇于成就别人。在荣誉上从不把自己摆在第一位，具备领导者的胸怀。第二，判断力好，嗅觉敏锐，对自身优势有准确把握。第三，有想法就行动，先走一步，事情在行动中逐步成形，是个不折不扣的行动派。"

从昔日的简陋残破、尘土飞扬到今天的外观壮美、环境幽雅、充满人文气息，燕子岭上的四医院已经发生了巨变。

四医院60周年院庆举行画展的时候，我也前往参观，听到旁边一位看展的退休职工感叹：如今的四医院如此漂亮，如此壮美，在别人面前从此可以挺胸昂头了！这“挺胸昂头”里面，已经注入了信心、力量和荣光。吴锋耀和他的同事们的智慧和汗水结出了丰硕的花朵。他们以自己的行动改变现实，尤其是改变了公众的观念，让全社会都能认识到传染病医院的特殊价值，纷纷向它投来热诚的目光。这种“转物”的能力我认为是相当了不起的，借用佛经的一句话：“若能转物，即同如来。”

古人有立功、立德、立言的说法。能够“三立”，被视为完美的人生。前两者，吴锋耀无疑是做到了。他现在写下这本书，正好应和了“立言”的说法。他也许并不同意我的说法，因为他写下这本书，只是出于朴素的想法，源于几年前我的一个建议。我当时只是感觉他有丰富的行医经验和人生阅历，从乡村到城市，爬过山，蹚过水，耕云种月，一定有许多鲜为人知的故事，能够对同样跋涉在医路上的同仁甚至是正攀越人生峰峦的普通人提供启示，不写出来真是可惜。在很多场合，我的建议就像一粒微小的种子，不经意中就被风吹到荒无人烟之处。但是，在吴锋耀这里，我真的想不到，他还真的当了一回事。现在，他把草籽变成了花的种子，种出了属于自己的一片故事与语言的花园。这本有着独特价值的医人之书凝结了他的心血和智慧，他雷厉风行同时又恭恭敬敬的做事态度也在这本书的写作过程中得到体现。

行笔至此，已是半夜了。唯愿半夜的清露使这个世界更柔软。

何述强
2019年11月13日凌晨3点

（何述强，中国作家协会会员，广西音乐家协会常务副主席）

目录

第一辑　底色

——走出仫佬山乡，走上从医之道

第三辑 同心

——因医学结缘，为生命站岗

附　录

后记

第一辑

底色

——走出仫佬山乡，走上从医之道

乔善乡求学

我出生在罗城仫佬族自治县乔善乡乔善街龙江河岸边的农家，在大山里长大。父亲吴光道，仫佬族，祖上来自罗城仫佬族自治县四把镇凤凰屯。在罗城，吴姓是仫佬族大姓。母亲韦秀兰是壮族，乔善人。我的家庭是少数民族之家，家里讲话用仫佬语、壮语两种语言。父母都是农民，我有一个大我6岁的姐姐、一个小我3岁的弟弟，还有两个小我8岁的双胞胎弟弟。

我的母亲在当地是有点名气的煮大锅米饭的高手，还煮得一手好菜。因母亲有此独特的手艺，在20世纪70年代，她长期在乔善乡供销社的饭店卖“客饭”（单位食堂给外单位来客供应的饭菜），每当县、公社（现在的乡镇）有“四级干部”（县、公社、大队、生产队）或“三级干部”（公社、大队、生产队）会议时就被抽调去县里或公社里帮煮饭做菜。母亲因此每个月可以得30元工钱，其中的26元上交生产队，自己能留下4元。由于没有其他经济来源，母亲靠着这收入支撑我们家的日常开销。在农村，能干活才是硬道理，在家里母亲是当家人，她说话算数。在我眼里，母亲是聪明能干的人，并且非常勤劳、节俭。她对我们

子女说得最多的话是“做人要勤快”，母亲的品质对我影响是很大的。

自我懂事起，父亲的身体就不好，成天咳嗽、咳痰、气喘，做不了重的体力活。听大人说我父亲得的是“痨病”。我学医后才知道他是因肺气肿、支气管扩张引起哮喘、咳嗽、咳痰。我走上医学学习研究道路，是今生的缘分，但对医学的热爱，对救死扶伤的责任心，对生命与健康的爱惜与维护，应当是源自父亲的身体状况自小给我烙下的心灵印迹。

父亲自律性强，吃饭从来都是与我们分开吃，不与我们共用碗筷，怕把病传染给我们。我在家烧柴灶做饭，常常因为柴火堆放过多而使火燃不起来，这时，父亲总是用“人要忠心，火要空心”来教我如何烧柴灶。那时候家里穷，家里几个孩子要读书，我上中学后，有段时间，每到星期天就去帮供销社的饭店做煤球，挣点零钱来买作业本及纸笔。做煤球就是把煤粉与黄泥土按比例加水搅拌混匀后，用双手捏成田径比赛用的铅球大小的球状并晒干。这活很辛苦，晴天还好，遇上雨天还得把煤球收到屋檐下，以防弄湿易碎。等煤球干透再收起送去过秤，按煤球的重量每百斤计加工费。当时有些人为多赚加工费，在装煤球的筐里做文章，上面放干煤球，下面是半干的煤球，以此来增加重量，每每被发现，双方就是一顿争吵。轮到我时，收煤球的人总说：“你送来的煤球全部都是干透硬硬的，不偷奸耍滑，只要是你打的煤球，我们都放心。”那时，拿到工钱的我很高兴。“人要忠心，火要空心”其实是父亲在给我讲“做人心诚，做事方成”这个道理，诚实是做人品质的根本，父亲的教诲给了我一生的影响。

回想当年读书的经历，真的是很辛苦。那时家里人口多，父母忙于田间地头，我和姐姐要分别照看双胞胎弟弟。9岁的我只能每天背弟弟去上课，那时弟弟才1岁左右，课堂上不时哭闹，一哭闹我就不得不到教室外面站着听课。但只要弟弟安静，我总是能很快进入学习状态。记得当时我的语文老师叫刘兆章，她的女儿刚几个月大，课间，在我被弟弟闹得不知所措时，她就帮着我哄弟弟，有时还给他喂奶，这样我就稍能安心学习。落下的课，我回家做完家务自己补，不懂的另找时间问老师，就这样坚持学习，每次期末考试成绩都达到优秀。从小学二年级到五年级，我带着弟弟去上学的状况持续了4年。刘老师在她后来的课堂上把我背弟弟上学的事作为努力学习的典型给她的很多学生讲过。最初求学过程虽然艰难，但得到了如慈母一般的刘老师真切的帮助，我一直从内心很感恩刘兆章老师。

后来我在乔善中学读初中和高中。中学与小学仅一墙之隔。学校离家不远，走路五分钟就到了。那个年代不怎么讲学习，一半时间上课，一半时间学工学农，每周还要参加犁地、耙田、收稻谷、种玉米等劳动。我的生活依然艰辛，每天下午放学后，按惯例先去山边捡一篮野菜回来煮猪潲喂猪，再做全家的晚饭（有时等不到母亲煮菜，就吃酱油拌饭），然后匆匆去学校上晚自习。每个星期天还要到供销社的饭店做煤球。尽管如此，我从未放弃看书学习，仍然能在班里保持期末学习成绩第一。

1977年，国家发生了重大变革，百废待兴，教育第一，首先就是恢复全国高考。那时我正上高一，也是从那时起，学校开始重视教学、重视高考，老师除每天讲课外，还布置很多的作业。特别是对高中学生，每周还要上思想政治课，强调遵守纪律，要求我们做一个合格的学生，“将来成为社会有用之才，去担负起社会责任”。我们听得心潮澎湃。那个年代的学生，思想较为单纯，绝大多数学生来自农村，已能从自己家庭的困苦中感受到人生的艰难。能考上大学或中专便不用再当农民，这是最实际的想法。高考给了我们凭自己努力改变命运的机会。很庆幸，我赶上了这个时代。

我是1978年参加的高考。说真的，这个高考怎么复习、怎么个考法，当时一点都不知道，毕竟我读的乡级中学相对于县里信息还是闭塞的。老师们竭尽全力从上级学校带回些复习资料，但资料依然有限，有些参考资料我还是与几个同学轮流共用的。我想，不管怎样，课本上的东西要先学扎实。在高考前的寒假里我几乎每天都在熬夜看书，20多天就把初中和高一的数、理、化重新复习了一遍。开学后距高考只有5个月时间，我更是全力以赴，晚自习回到家中看书和做习题到夜里12点左右。功夫不负有心人，1978年5月初，河池地区进行了一次摸底预考，我取得了乔善中学理科班第一名、罗城西半部地区（6个乡镇）第三名的好成绩。预考成绩极大地增强了我的自信，那时我心里藏着个愿望——考上广西民族大学（当时叫广西民族学院），毕业后当一名老师。但1978年高考结束，我被右江民族医学院临床医学专业录取，走上从医之路，我的人生从此改变。

从7岁上小学，12岁上初中（两年制），14岁上高中（两年制），到16岁上大学之前，我全部的中小学教育都是在乡下完成的，所就读的乔善小学和乔善中学都属乡级学校。我觉得在什么地方读书还真不那么重要，重要的是要爱学习。读书改变命运是那个时代给予的机会，抓住它就有可能改变自己的未来。回顾那个时候，还是蛮佩服当年的自己——学习努力，成绩总是班里的第一，用现在的话来讲，也算得上是当时乔善乡名副其实的“学霸”了。

到革命老区上大学

我当年考大学的目标是广西民族学院，毕业后当老师。我的高考成绩是246.5分（当年大学最低录取分数线是255分，因我是少数民族仫佬族，按政策可加30分），我的数学和化学成绩相对比较好，我也特别喜欢数学和化学。当年是得到分数后才填报志愿，可填5个志愿，我当时报的志愿是：1.广西民族学院数学系；2.广西民族学院化学系；3.桂林医专医疗系；4.百色医专医疗系（其时已经改名为右江民族医学院，本科，但招生简章上还是“百色医专”）；5.河池师专数学系。

当时的招生工作还是人工拣档的，右江民族医学院和广西民族学院被安排在同一区域，当时去参加招生的右江民族医学院学生科韦钊科长和广西民族学院的学生科科长打招呼：民院不想要的考生可以给右医。民院的学生科科长就把我们四五名当时年龄十五六岁，身高只有145～150厘米的加少数民族分才上线的考生转给右医，我因此以第四志愿被右江民族医学院录取。这是去到学校后韦钊科长特意告诉我们这几名小年纪、矮个子学生的。

说实话，接到右江民族医学院的录取通知书时，我是不大满意的，因为我想去的是广西民族学院，但教我高中数学的韦雄志老师鼓励我："锋耀，你为人民服务的机会来了，即使是罗城县师范录取你，你也同样可以去的，都是为人民服务的机会，何况你是我校理科班唯一考上并被录取的考生。"

就这样，我学医了。当时并不是因为我父亲患病而去学医的——虽然表象容易让人产生联想，并误以为就是事实，但其实并不是那么回事。命运真是阴错阳差，我的命运就在两个科长的抉择之间尘埃落定。当然，我当上医生以后对父亲及所有家族人的好、对家乡人的好是无法用语言来表达的，获得感是不可想象的。

高中毕业前我没有到过县城，高考上线后到县人民医院体检是我第一次到县城，母亲嘱咐我到县城时去县保育院的覃孟菊老师家寄宿。后来上大学那天，母亲亲自陪送我到县城，第二次到覃老师家寄宿，并在这里意外地和与我父亲失去联系多年的远房姑姑吴玉梅相认，从此之后我得到这位远房亲戚很多的关心和帮助，这是后话。

第二天，我去罗城火车站乘车时碰到同样考上右医的龙仁平同学，两人结伴同行去南宁再转道坐汽车上百色，到革命老区上大学。我从此开启了5年大学生活的序幕，也开启了我的行医梦想，得以慢慢去品尝这读书改变命运所带来的甘甜！

第一次出省碰上大好人

我姐姐是1975年经人介绍从广西罗城远嫁到广东罗定的，当时我们那边不少农村女青年因为贫穷而远嫁广东的富裕农村地区。1979年7月下旬，上大学后的第一个暑假，我决定利用暑假时间去广东省罗定县黎少公社榃僕大队看望姐姐。那时的交通很不方便，去前我打听了去广东省罗定县的行程：得先从百色坐班车（汽车）到南宁，早上6点半出发，下午三四点钟到南宁，下车后要直奔火车站，坐下午5点多的火车去玉林，晚上10点到玉林，须在玉林住一个晚上。第二天从玉林坐班车（汽车）到岑溪，然后在岑溪坐班车到罗定。虽然放假前我已经给姐夫写信告知了我去他那里的具体时间和安排，请姐夫依时到汽车站接我，但这是17岁的我第一次独自跨省出行，临行前我还是忐忑不安的。

那时的火车还是蒸汽火车头带动的旧式火车（慢车），绿皮车厢内没有空调，人满为患，幸好我买到了有座位的学生票。我带着简单的行李，可能引人注目并代表学生身份的就是我的一个网袋里装有几本医学院一年级的教科书（《解剖学》《有机化学》

《微生物学》等）。我找到座位放好行李，坐下后顺手拿出一本书随便翻翻。这时，坐在我对面的一位20岁出头的帅哥主动和我打招呼，问我是哪个学校的，准备去哪里。我见他很是友善，便如实地告知他。他说："太巧了，吴同学你运气也太好了，我家就在岑溪县城，罗定紧邻岑溪县，你放心啦，从现在起我来照顾你这个小弟，到时候我把你送上岑溪至罗定的班车就行了。"在接下来的交谈中，我得知这位帅哥叫黄岑汉，其父亲是南下干部，"下放"到岑溪。本来他参加工作已有3年多了，适逢恢复高考，他考上了广西中医学院（现广西中医药大学）临床中医专业（1977级）。他是领着工资去读书的，真是令人羡慕。他还是广西中医学院的学生会主席，刚刚和我们右江民族医学院的学生会主席覃耀明一起到北京参加过全国大学生青年联合会会议。真不愧是学生会主席，他能说会道、侃侃而谈。正当我们愉快地聊着时，坐在我旁边一位40多岁的阿姨神色突然不太对劲，我们问她是什么情况，她说头晕，腹部有点痛，想吐。黄岑汉立即给她把脉、看舌苔，然后拿出随身携带的银针往这位阿姨的手上、脚上扎了几针，没过几分钟，这位阿姨的头晕、腹痛、想吐等症状就消失了。这是我第一次见识到中医和针灸的神奇，也为黄岑汉能利用中医技术见义勇为、解人忧难所感动。

当晚10点到达玉林火车站下了火车，黄岑汉就带着我去宾馆一起办理了住宿，并帮我付钱。第二天到玉林汽车站，他又出钱帮我买了去岑溪的汽车票。当我们到达岑溪汽车站时已经没有当天去罗定的班车了，只能在岑溪住一个晚上。黄岑汉对我说，他会帮人帮到底的，又帮我出钱买了第二天去罗定的车票，并请我去他家住下。他说："看得出你是一个穷学生，身上没有什么钱的，我能帮助你一点算一点吧。你从罗定返回时再到我家住，能省一点是一点。"我到他家时得到他们全家人的热情接待。在这样的一个干部家庭里，没有一个人嫌弃我这样的“农村仔”到他们家投宿。刚进门时我的确有点紧张，举止都很不自然，但没多久就适应了，并和他的父母聊起家常来，那种自然的亲切感至今还历历在目。我从广东返回时真的按照黄岑汉说的再次到他家借住了一个晚上。第二天他把我送上开往玉林的汽车，在他的帮助下，我很顺利地完成了我的第一次跨省远行。在这次远行中遇到大好人——黄岑汉这样乐于助人的医学师兄，我也暗下决心，要努力学习医学知识，掌握医学本领，工作后更多地去帮助那些需要帮助的人。

很遗憾，与黄岑汉在岑溪道别时我们忘了互相留下通信地址，我回到学校后忙于学习再没有打听他的消息。直到2005年，我已在南宁市第三人民医院任业务副院长，有一天，我从报纸上看到广西中医学院的相关报道，才得知黄岑汉早已是广西中医学院的教授和副院长（厅级领导干部）。我专门抽时间到广西中医学院拜访了他。提起当年的事，他也很开心，他说，如果不经我提起，他真不记得还有这回事了。没过多久，2006年，他被提拔到我的母校右江民族医学院任校长，之后又改任党委书记。2016年，他调回南宁，任广西科学院党组书记。他在右江民族医学院任职的10年里，我多次回母校参加毕业生的双选会，经常聆听他的教导，受益匪浅。

毕业实习的作息时间表

我的毕业实习是在一个县级医院完成的。1982年9月底，我和同年级的3位同学来到罗城县人民医院进行毕业实习。与我们一起实习的还有河池市卫校妇幼医士专业、护理专业和罗城县卫校护理专业的30多位同学。当时的罗城县人民医院有一支医德好、服务好、医术精的优秀医疗专家队伍，家乡的病者所患疾病绝大多数（95%以上）不出罗城就能解决，只有极少数的疑难危重病患者才转到南宁的大医院（当时的广西医学院附属医院或自治区人民医院）。这些医疗专家深受仫佬山乡各族人民的尊重和爱戴。

我暗下决心，要珍惜这短短的一年时间，在这些优秀老师的带教下完成毕业实习任务，尽最大努力多学一些东西，为毕业后更好地为病人服务打下扎实的基础。为此，我制订了实习期间的作息时间表：

<table>
<tr><th>地点
时间</th><th>内科、儿科</th><th>外科、妇产科</th></tr>
<tr><td>6:00—6:10</td><td colspan="2">起床、洗漱</td></tr>
<tr><td>6:10—6:50</td><td colspan="2">到病房跟护士老师学习穿刺抽血（血液标本送检验）</td></tr>
<tr><td>6:50—7:10</td><td colspan="2">吃早餐</td></tr>
<tr><td>7:10—7:20</td><td colspan="2">打扫办公室卫生</td></tr>
<tr><td>7:20—8:00</td><td colspan="2">自己查房并开医嘱初稿</td></tr>
<tr><td>8:00—8:20</td><td colspan="2">晨会交班</td></tr>
<tr><td>8:20—9:00</td><td colspan="2">跟带教老师查房、修改医嘱</td></tr>
<tr><td>9:00—10:30</td><td>跟护士老师学习静脉穿刺输液技术和其他护理技术</td><td rowspan="2">到手术室观看手术或跟带教老师学习做手术</td></tr>
<tr><td>10:30—12:00</td><td>跟带教老师学习一些基本操作（腰穿、腹穿、骨穿等）</td></tr>
<tr><td>14:30—17:30</td><td colspan="2">处理病房的日常事务（带病人去医技科室做检查，书写新入院病人的病历等）。如果值班时遇到带教老师休息了，就去放射科（或检验科、超声科）跟其他老师学习相关技术</td></tr>
<tr><td>19:30—23:00</td><td colspan="2">到病房写病历或看书</td></tr>
<tr><td>23:00</td><td colspan="2">回宿舍休息</td></tr>
</table>

这一年的星期天我几乎没有休息过，国庆、元旦、春节等假期我都是在病房里度过的。我实习的第一个科是妇产科，那时正值生育高峰期，我吃住几乎全在妇产科办公室。说来让人难以置信，两个月的妇产科实习期内，我总共接生56次，其中独立接生38次。

在为期一年的毕业实习中，我得到了罗城县人民医院老师们的精心指导。老师们的所作所为和言传身教对我有潜移默化之效用，让我感悟到了今后应如何做人、如何做事、如何行医。这为我毕业后的医路长行打下了良好的基石，我要衷心地感谢罗城县人民医院的老师们！

在中心卫生院当医生

在罗城县人民医院实习时，受儿科雷筱翘主任精湛医术及高尚医德的影响，我特别想成为一名儿科医生，希望毕业后最好能回到这家县医院工作。由于实习期间我表现优秀，带我的老师们也都说："小吴啊，毕业后就回家乡来吧，我们医院很缺人的，可以到内儿科来。"1977级是恢复高考的第一届，我们1978级是恢复高考全国统考的第一届。当时的高考录取率很低，中专毕业出来就是国家干部，端铁饭碗，更何况是大学本科，最差也应该是分配到县级医院工作。那时工作是包分配的，当时我想，能到县医院当儿科医生最好了。我对自己的想法很是期待。可当我去罗城县人事局报到后才知道，我被分配到了县西部离县城30公里的天河中心卫生院，和我一同来报到的另一位来自农村的同学被分配到县东部的龙岸中心卫生院（距离县城25公里），而另外两位来自干部家庭的同学，都分配在县城里。真是从哪里来还得回到哪里去啊。我得知自己要到卫生院，留在县医院当儿科医生的愿望也就落空了，心底不免一阵发凉，很失望，但没多说，服从分配吧！

天河中心卫生院位于天河镇上的一个偏僻角落，离镇子的中心菜市场约有一公里路程。从镇中心去卫生院，先要走过一段狭窄的居民街道，然后就是两旁长着杂草的机耕路，再经过镇小学、农业技术推广站，尽头就是卫生院了。卫生院旁边是个食品加工站，几乎天天杀猪，早晚都能听到大猪小猪的嚎叫声，早上不用闹铃，猪都会叫醒你。

卫生院建在一面斜坡上，坡底下是龙江河。这里原先是乡里的林业加工站，占地30多亩。进卫生院大门，左侧一排小平房是门诊，右侧一排小平房是行政办公用房，下坡约10米的右侧一排小平房是药品仓库、X光室和检验室，再下去10米的左侧有两排平房是职工宿舍，又再下去约20米的右侧是一个篮球场，其旁边有一座大些的平房即是病房。最特别的是病房往河边方向有一大片菜地，白菜、青菜、红薯、玉米……什么都种，卫生院每个职工都分得一块地来种菜。除单身职工外几乎家家都养鸡，有个职工家属还在离病房后面不远的空地上建鸡舍，养了上百只鸡；有的还养猪。职工们的日常开销除了肉凭票供给，蔬菜差不多能自给自足，下班后去侍弄自留地，是打发时间的好去处，日子在单调里重复。

生活最不方便的就是用电了，镇办小电站经常不供电，原因有点搞笑——下雨发大水冲坝，天旱水小冲不了坝，连值守人晚上醉酒都成了发不了电的理由。一旦停电，镇上的自来水也得停供，卫生院的工作、生活用电用水就会受影响，那么就得自己发电和抽水。每到这时，院里的年轻人就得把一台配有柴油机做动力的抽水机抬到院外山脚下的河边抽水，把水抽放到蓄水池，才有水用。这二百多斤重的抽水机我刚来就抬过几次。因我个子矮小，抬抽水机去河边时是下坡路，高个子的同事在前面，我在后面；抬抽水机回来则是上坡路，我在前面，高个子同事则在后面。这种“布阵”配合默契，简直天衣无缝，真是绝了！

我是1983年7月到天河中心卫生院的，其实这个卫生院还是蛮大的，分门诊和住院部，门诊设内儿科、外科、妇产科和中医科；住院部不分科，住院医师全科管理。另有X光室、化验室和药品仓库。全院职工30多人，医生大多是“文革”前大学生或工农兵学员出身，他们大多数都在这里工作了好多年，一般的常见病，常规处理起来还是得心应手的。年轻人不多，我到的前一年分来3个护士，1983年连我又有3个人分配到这里，而我是恢复全国统考后来这里工作的第一个大学毕业生，另外两个是来自邻县宜山的中专生，一个是护理专业，一个是检验专业。她俩对我说，宜山县生源多，自己又没有什么关系，就被“发配”到罗城来了，以后还是要想办法调回宜山去。其实，这里也不是我原来想要来的地方，但我别无选择，既然来了，我还是要好好地工作。我暗下决心，要努力干出成绩，争取能早日调到心仪的县医院儿科去工作。

从来到天河中心卫生院的那天起，我开启了自己的医生职业生涯。

第一次成功抢救

1983年7月，我刚到天河中心卫生院，院领导就安排我在住院病区当医生，当时病区只有20张病床，2名医生（我和另一位医生）和5名护士负责整个病区的工作。院长指定我这个本科生当病区组长，没有人带与教，一切都得靠自己。

工作两个多月后的一个星期天，下午5点，一群人抬着一名50多岁的男性病人急匆匆地冲到病区，大喊“救命”，接诊医生查看过后觉得病人病因不清、诊断不明且病情很危重，我们卫生院没有这个条件治疗，建议马上转县医院抢救，让家属们耐心等候县里救护车到来。下午5点半我接班，病人正在等着转院，前面的医生没做任何处理。听了交班汇报，我心想：这怎么行？这里离县城有30公里，崎岖的山路来回至少需要两个小时的车程。而当时的县医院只有1辆出诊用的救护车，还不一定就能立即出诊呢。我马上去查看病人，只见病人脸色灰暗，巩膜黄染，处于昏迷、谵妄状态，测体温39.5℃，血压80/50mmHg，心率126次/分。此时的病人正处于病危状态。病情不能等，我决定让护士先按重度休克进行抢救，立即建立两条静脉通道补液，纠正水、电解质

和酸碱平衡失调，并给病人导尿，结果导出了酱油色的尿。我再向病人家属询问病史，得知病人前两天因腹泻服用了痢特灵。急查血常规血红蛋白（HGB）只有20g/L。我断定这个病人是蚕豆病（葡萄糖-6-磷酸脱氢酶缺乏症）患者，因服用痢特灵后诱发急性血管内溶血危象。我对病人家属说："请你们相信我，先在这里治疗，只要能输血，我就能救活病人，病人可以不用转县医院的。"病人家属半信半疑，可病情危重，救人要紧，他们期待地看着我。紧接着我们就通知化验室要血。那个时候没有血库，要输血，就需要到镇上找经过备案的献血员到医院献血，4位献血员给病人献了整整1600毫升的全血。接着是用药、输血。经过一天紧张的抢救，病人不再溶血，脸色回暖，病情渐渐稳定下来。不负我和同事的努力，病人转危为安，一周后就痊愈出院了。这是我毕业参加工作后独立抢救成功的第一个急难危重病人，当时的喜悦和激动之情简直难以言表。

1987年10月，已经在县卫生防疫站工作的我，到天河镇的华张村中检查儿童计划免疫工作，问路的时候正好问到我当年抢救的这位病人，他带着孙子就要向我下跪致谢，并对家人说："这就是我常常提起的救命恩人啊！"我急忙制止他下跪。在从医生涯中，这也是我第一次受到病人这样隆重的致谢，当时真吓着了我，内心诚惶诚恐、不知所措。但打心底来讲，我也第一次感受到了作为一个与生命打交道、治病救人的医生，所受到的尊敬和真诚以待。

『孩子走了我不怪你』

1984年春节前半个月的一天，下午5点半我来接夜班时，病房里刚收了一个8岁的男孩子，入院诊断为急性扁桃体炎，并已经输上了液。小孩的父亲是长期在野外工作的地质队技术人员，正好探亲休假在家，和孩子的母亲一起陪小孩来看病。小男孩长得惹人喜爱，见医生护士都会打招呼说“叔叔好”“阿姨好”，很礼貌很懂事，只是他那双可爱的眼睛总显得特别忧郁而无神。小男孩的爷爷告诉我，这孩子虽是独生子，父亲又长期不在家，但他很乖，很听话，学习也很好，是父母的骄傲。

我所积累的有限临床经验提醒我，对于这样的小孩子可不能掉以轻心。我重新认真地询问病史，并认真地对孩子进行体检，体检时果然发现了异常情况，小孩病后没有发热，体温正常，但张口有点困难，只能张开大半个嘴巴，扁桃体不大，咽部也不红。我想：这可与急性扁桃体炎的症状体征不相符啊。另外我发现小孩的左侧额头上有一处不显眼的新伤痕，经我再三询问后，小孩的母亲才说，小孩在十多天前摔了一跤伤着额头，当时小孩的爷爷用了点草药给他包扎止血，就没有再做其他处理了。为此，我立即做出更正诊断：小孩得的是破伤风，不是急性扁桃体炎。虽然小孩的病情还处于早期，没有出现破伤风的典型症状，但若得不到有效治疗，后果会非常严重。而当时卫生院的条件非常有限（药品缺乏，不仅没有呼吸机，仅有的两个氧气瓶也是空的，没有氧气），病孩必须立刻转到县医院抢救才有治愈的机会。我向病孩的父母详细地介绍了小孩病情及可能的后果，病孩的父母同意转院，但我联系县医院时，县医院唯一的（也是全县唯一的）救护车出现故障已不能出诊，因此无法转院。

入院的第二天，病孩就渐渐出现破伤风的典型症状。我们只能按当时卫生院的有限条件进行全力救治，期盼着奇迹发生，然而结果是眼睁睁地看着孩子痛苦地挣扎。入院第四天，孩子就病逝了。他咽下最后一口气，永远闭上了那双可爱的大眼睛，就像一朵应在初春绽放的花朵，悄然枯萎。所有人的心情都沉重而复杂。孩子的父亲眼神呆呆的，他不相信这是真的，他紧锁着眉，手上点着的烟，烟头都快要烧到手指了。隔了几秒，他仿佛回过神来，抱着头号啕大哭，我知道，他的世界从此坍塌了。

在这4天里，我和我的同事轮流在病房里陪伴着病孩，给病孩的父母以安慰。病孩走了，我们感到惋惜、遗憾，内心也很难受。令我们意外的是，在小孩过世的一个多月后，孩子的父亲来到卫生院向我们表示感谢！他还专门单独对我说：“小吴，你是个好医生的苗子，孩子走了我不怪你，是我小孩的命不好，他是死于落后的医疗条件。我是真心诚意地来感谢你的，希望你总结经验，继续努力，将来做个好医生。”感受到孩子父亲这样的谢意和鼓励，我的内心暖烘烘的。这样的医患互相信任是何等珍贵和重要啊！这也使我想起了一位老教授曾经说的话：“看病看病，病人满意最重要！病人满意了，即使治疗（手术）失败了也是成功！病人不满意，就是治疗（手术）成功了也是失败！”

这件事一直警醒着我，虽行医道路上险阻不断，但我依旧时刻将“患者利益至上，力争让病人满意”谨记于心。

真的付出，一定会有收获

初到罗城县天河中心卫生院工作时，我作为住院病区的组长，除了负责病区20张病床，还兼管产房。住院病区有2名医生、5名护士，护士值夜班要在病区值班室休息，医生值夜班可以在宿舍休息。正常情况下病区有5～10名病人住院，偶尔有产妇分娩。一般晚上不大有事，有事了护士就去宿舍叫医生来处理。虽然刚开始时对被分到卫生院有点不乐意，但刚刚毕业的我可以说是血气方刚、干劲冲天，很想把在学校学到的知识应用到为病人的服务中去，加上我本身虚心好学、比较勤快、肯吃苦，除了完成医生的本职工作，测体温、量血压、打针、发药等护士的工作我也很乐意去帮忙做。出夜班后的休息时间，门诊医生有事请假了，领导叫我去顶班，我二话不说就去了；每到需要抽人下乡协助乡村医生给儿童打预防针，我都积极报名参加。

有一天傍晚，离镇上有七八公里的北任村的一个农家小女孩高热、昏迷、抽搐，电话请求出诊，我二话不说背起药箱骑上自行车就赶到村里。初步问诊和检查后，我断定这是一个重症的脑炎病孩，转到卫生院也不行，必须尽快转到县医院进一步救治才有希望。开始时病孩的父母认为没有希望了，不愿意到县里，经过我反复做思想工作才同意转到县医院。但山区道路难行，救护车要三小时后才能到达，我就守了病孩三个多小时。直到救护车接走病孩之后，我在拼起的椅子上躺着休息了一阵，天亮了才骑着自行车返回卫生院。

之后又有几次深夜乡村的出诊请求，我都有求必应，及时出诊。这样日复一日、月复一月地工作着，好像也没有做出什么惊天动地的大事。但在同事的眼里我应该是个好同事，在卫生院领导的眼里我应该是个好职工，因为在之后的几次工作评价中我获得了大家的肯定。1984年10月，人民公社管委会改为乡人民政府了，我在卫生院选区被大家选举为天河乡（1991年撤乡建镇）第一届人大代表，这无疑是对我工作的充分肯定。接着，在1985年2月，我又被评为1984年度县卫生系统先进工作者、1984年度县工会先进个人。我在天河卫生院工作只有一年半时间就获得三个荣誉和表彰，它们给了我一个重要的启示：你真的努力了，领导是会看在眼里的，群众的眼睛也是雪亮的；你真的能干，真的付出了，一定会有收获。

男医生为孕妇接生

我在天河中心卫生院住院部病房上班，管几个病情不大严重的普通病、多发病病人，对于我来说还是比较轻松的。在病房值班，大多时候一有空就看书（开始还有考研究生的念头），或者写病历。一天晚上，我和与我同时分配来的新护士一起上夜班，9点的时候来了一位临产的孕妇。当时卫生院只有两位妇产科医生，没有助产专业护士。妇产科医生只负责白天在妇产科门诊上班，孕妇来生产时由病房护士负责接生，解决不了的时候才会请妇产科医生来处理。这个孕妇来到之后，值班的新护士接待她并安排她到产房待产，没有多久就传来产妇的呻吟声，啊，产妇应该马上要生产了。这时候这位新护士慌慌张张地跑过来问我："吴医生你会接生吗？我实习时还没有跟老师接过一次生呢，现在要我独立为产妇接生，心中没底，戴了两次手套都惊慌手发抖到手套掉地，你来帮我接生吧。"我说："没事的，我来接吧，你在旁边协助即可。"我和产妇进行了沟通，让她相信我这个本科大学毕业生。我教她按自然分娩产程的要求配合使力，没多久产妇的宫口开全了，胎儿头先露了。产妇配合得很好，也会使力，但胎儿头娩出后脐带绕颈两周，我小心麻利地上了两把止血钳，钳住脐带准确剪开，迅速解决绕颈的问题，胎儿顺利分娩。处理好胎儿的脐带并给其穿上“毛毛”专用衣服，再去协助产妇娩出胎盘，整个过程我做得干净利落。新护士在旁边看得目瞪口呆，回过神后她说：“吴医生你很有妇产科医生的风范啊！你也是刚毕业的，对接生技术怎么就这么熟练?”我告诉她，我毕业实习时，凡是技术，不管哪样，不管以后能不能用上，我都拼命地学。我轮转到妇产科实习的时候，正是产妇生产高峰期，我吃住在妇产科办公室，实习两个月，共接生56次（与带教老师共同接生18次，老师在旁指导、自己独立接生38次）。接生技术让我在关键时候用上了，我很开心、很自豪。

后来我调到乔善乡卫生院担任院长，在两年多时间里因碰上很特殊的情况，我先后三次为孕妇接生，卫生院男医生接生也成为一时的美谈。其实，卫生院就需要全科医生。

22岁的乡卫生院院长

1983年毕业后我被分配到天河中心卫生院工作，1984年10月我便当选天河乡第一届人大代表，1985年2月又荣获1984年度县卫生系统先进工作者和县工会先进个人称号。也许是刚工作一年多就得到这些荣誉和表彰，我引起了县卫生局领导的关注。1985年3月上旬，局领导派了两位干部到卫生院专门考核我，但我当时是不知道的。3月下旬的一天，县卫生局通知我到卫生局开会，到了县卫生局才告知我是局领导约我谈话，我有点紧张，首先想到的是，是不是自己被评为先进个人之后得意忘形，说了什么不得体的话？或者是被人嫉妒了，让人告到了县卫生局？这样想着我更加忐忑不安。

我走进局长办公室，却看见局长和人事股股长脸上笑眯眯的，没有要严肃批评的意思。只听到局长说："小吴请坐吧，我们对你这一年多在卫生院的工作表现还是比较满意的，因此，局党委考虑调你到你的家乡——乔善乡卫生院当领导，你看看怎么样啊？"来之前我是想趁这个机会提出调到县医院工作的要求的，没想到局长的意图竟然是这样，我脱口而出："是正院长还是副院长？”局长马上黑着脸说：“哪有像你这样向领导提问的？”我想，局长这样说，看来我有麻烦了。但局长思考片刻，又慢条斯理地说：“既然你小吴敢问，那我看就这样吧，不是正的，也不是副的，给你当第一副院长。没有院长，你是一把手，做好了一年后转正，做不好就下来，你敢不敢啊？”局长这样一说，我为我脱口而出的提问后悔了，但又必须服从组织安排，想去县医院工作的愿望暂时落空了。这时我22岁，还不满23周岁呢，加之长得矮小，在别人眼里我还是个小孩。我到乔善乡卫生院任职后，有个乡村医生就当着卫生院的老院长和其他医生的面公开说：县卫生局领导是怎么考虑的？竟然派一个小屁孩来乔善乡当卫生院院长？

1985年清明节后的第二天，我到乔善乡卫生院走马上任。到位后我才知道，这个卫生院包括我共有22名职工，原来的老院长刚50岁出头，退位任巡视员（不知那个时候为什么卫生院院长退位也称为巡视员，现在的厅级非领导职务才称为巡视员，可见词语也是在发展的），另一位50岁出头的副院长仍留任。他俩从年龄上讲都是我的父辈，老院长还是我同学的父亲呢。到任前没有人告诉我这个卫生院院长怎么当，这两位老院长都表示坚决支持我的工作，鼓励我大胆地干，但没有告诉我应该怎么做。到任后上级也没有安排我出去培训怎么做卫生院院长，做得对还是不对没有人提醒，全靠自己去感悟。人生需要太多这样的感悟了。

刚到任一个月我就犯了违反管理常识的错误：一是我看见原来的黑白电视机老化了，经常出故障，单身职工晚上没有电视看，便把这台旧电视机以便宜价卖给当地的农民，再去县城买了一台19英寸的进口彩色电视机；二是我看见住院部医生护士办公室和门诊医生办公室、妇产科医生诊室都没有电风扇（这三个诊室病人聚集多，其他地方当然也还没有电风扇），我就到县城买了2台吊扇、1台落地电风扇。卫生局领导来卫生院检查工作时，我还特别自豪地向局领导报告这两件事。领导说，进口彩色电视机属于控制购买物资，是要经过县财政局批准了才能买的，而电风扇这类电器须向县卫生局打申请报告获批准后才能买的，否则都要受处分。好在县财政局领导和县卫生局领导是既坚持原则，又比较灵活掌握政策的领导，念我年轻初犯，让我做书面检讨并在卫生院院长会上通报批评，此事就这样冷处理了。

可以说，我的卫生院院长生涯是从犯错误开始的，好在碰上开明的好领导。从此之后，在三十多年的工作中，无论做什么事情，我都首先要了解所做的事符合不符合相关政策、法律法规，逐渐养成了好习惯。

与乡村医生打成一片

刚到乔善乡卫生院当院长时，我还真不知道卫生院的具体职责范围呢。我到任没有多久，县卫生局一位资深的副局长到我们卫生院检查工作时，我问他，县里叫县医院、中医医院，在乡里为什么叫卫生院而不叫医院呢？这位局长告诉我，县里除了县医院、中医医院，还有县卫生防疫站、县妇幼保健院、计划生育技术指导站，而卫生院综合了县医院、县卫生防疫站、县妇幼保健院和计划生育技术指导站的职能，并且职能排位按功能的重要性依次是疾病预防、妇女儿童保健、计划生育指导、医疗。当年毛主席的“六二六”指示说把医疗卫生工作的重点放到农村去，这重点就是加强县、乡、村三级医疗卫生网。而卫生院是农村医疗卫生工作的重中之重。卫生院按四大职能向上对接县卫生防疫站、县妇幼保健院、计划生育技术指导站和县级医院（包括中医医院），向下对接各村的乡村医生、接生员、计划生育专员。这位老局长告诉我：“要当好卫生院院长，除了卫生院的日常工作，还要重点抓好乡村医生，才能做好全乡几万农村居民的疾病预防和健康管理，这是一项光荣而艰苦的工作和事业。”

从老局长的话中，我感受到自己责任之重大。我决心从乡村医生的工作抓起，去开拓创新卫生院的工作局面。我决定先走访所有的村卫生室，了解情况，寻找对策。全乡共7个村委会，有13名乡村医生，其中，乔善村1名、乔本村2名、岩口村2名、板团村1名、古金村3名、古城村2名、大城村2名。我带着卫生院的专职防疫员每一两天走访一个乡村医生。通过走访，我了解到，大多数村医素质都比较高，好的乡村医生在村里威望很高，甚至超过村委干部。走访结束后，我就决定召开一次全乡的乡村医生专题会议，邀请县卫生局局长、县卫生防疫站站长和计划免疫科科长、乡政府乡长到会指导，各村的村长和卫生院全体医务人员列席会议。我热情地接待乡村医生和村长，敬水端茶。充分的会议准备、会议议程的精心策划、全程礼貌周到的照顾，使村医们改变了对我的看法，人群中传来这样的话："这个小毛孩院长还真的不简单，看来有两下子功夫，不能小看他。"以后每两个月开展的计划免疫冷链疫苗接种工作，我轮流到每个村指导和参加疫苗接种，每次接种要花两三天时间，到各村屯都要跋山涉水，接种结束回到宿舍都困得无法形容。没有接种任务时，我也常到各村卫生室走访。特别是村医家有红白事时，我都带领卫生院的几位专职防疫员上门道喜或慰问。每逢圩日赶集，村医到了卫生院，我们都热情接待，喝上几杯土茅台，交流沟通，加深感情。两年多的时间里，我和村医们打成一片，建立了深厚的情谊。正是有了这样密切的关系，在别的卫生院院长眼里最难管理的乡村医生，在我这里却是值得信赖的搭档。最难完成的任务——儿童计划免疫（为预防传染病接种疫苗）在我这里总是能高标准超额完成任务。任何一种关系，只要你以平等交往的态度真心对待，以心换心，别人也会同样以此回报。我想，对乡村医生如此，对同事如此，对朋友、对家人同样如此。不是吗？

手掏粪便挽救病人

1985年3月，县卫生局把我这个参加工作刚一年半、22岁的毛头男孩调到我的家乡——乔善乡卫生院任院长，刚到时卫生院有22位职工（1987年10月我调离时有28位职工）。当时，这个卫生院比之前我所在的天河中心卫生院条件更差。初当医生的我，对如何当这个卫生院院长的确迷茫，但我没有放弃，努力寻找卫生院管理的突破口。

这年7月的一天中午，更偏僻的纳翁乡送来一个病人，他10天前去深山采山货时迷路了，走不出大山，饥饿中只好用野山芭蕉充饥。他吃了大量的野山芭蕉却不吐出芭蕉籽，导致肠梗阻，到纳翁乡卫生院观察治疗了三天仍解决不了，医生告知家属只有转到县医院做手术才能救活他。这样一来家属就请了一辆柳江牌货车打算直接送他到县医院（纳翁乡距离县城55公里，距离乔善乡15公里，必须经过乔善乡）。但崎岖不平的山路导致车子异常颠簸，没走出10公里病人就受不了了，只好进到乔善乡卫生院打算缓一口气再继续前往县医院。当病人被抬下车放到病房走廊时，一股极其难闻的恶臭立刻弥漫整个病房，病房里的病人及陪同人员全部跑出来了。值班医生和护士们忍不住也都跑出来。病人家属到门诊（当天虽是圩日，但中午也开诊）找到了我，要我给病人以帮助。我刚走到病房走廊前就闻到我这辈子所闻到过的最恶臭的气味，我马上戴上两个口罩（形成双层，中间再夹两块洒上风油精的纱布）以缓解臭味。到了走廊，看见一名50多岁的男子平躺在地上的担架上，面容憔悴、面色晦暗，鼻尖和颧弓凸显，肢体干瘦不成形，腹部膨隆如妊娠七八个月。嗜睡，回话声音微弱。体检发现：脉搏细弱，120次/分，血压70/40mmHg。听诊，肠鸣音很弱几乎听不到。这是肠梗阻引起的严重脱水，再导致重度休克。病人这个状况，如再不及时处理将会危及生命，只能就地先抢救，不可能再送县医院了。我与病人及其家属沟通后，他们同意留下让我想办法帮病人先渡过休克关，然后再做打算。我立即给病人建立两条静脉补液通道，以求尽快纠正休克，挽救病人的生命。开通输液之后我就检查病人的肛门，当我拉开病人的裤子时，我惊呆了：病人水肿的肛门肛周黏膜呈菜花样凸起，恶臭的粪水正从肛门慢慢往外渗出。我试图通过灌肠解决肠梗阻，但试了几次，灌肠用的导管根本塞不进肛门。怎么办？片刻思考后，我戴上手套，左手食指和拇指轻轻地撑开病人的肛门，看见了肛门里暗黑色的山芭蕉籽，试着用灌肠管往肛门里冲水，竟然有两三粒山芭蕉籽掉出来，再冲，又掉下三四粒来。我一阵惊喜，呵呵，有办法了，可用水冲，用手指去掏。我马上干起来。当时是7月，大热天，不一会儿我就全身湿透，加上恶臭使我恶心想吐，因此掏两三次、冲两三次水就得停下歇一歇，缓一口气。这样干干停停，停停干干。大概用手掏了一个半小时，山芭蕉籽装满了治疗盆（相当于半斤米饭），当我再次用灌肠导管伸进肛门冲水时，噗的一声，堆积在病人肚子里的大量粪水喷射出来并全喷到我身上来了。我不顾身上的粪水，忍着恶臭先告诉病人，他的肠梗阻解除了，不用手术了，他得救啦！病人听后立刻哭了，很微弱的哭声，两眼泪水直流。虽然只是微弱的哭声，但我觉得这是我听到的最动听的哭声啊！我也和病人一样，流下了激动的泪水。

我用手伸进肛门掏粪便救病人的故事在乡亲们口中传开了。当时乔善乡的一位党委副书记得知这个事后，马上到卫生院了解情况，知道我还不是中共党员后，他立即指示当时卫生院的党支部书记（卫生院副院长）动员我申请加入中国共产党。两年后，我光荣地加入了中国共产党，成为一名中共党员。

发现流行性脑脊髓膜炎疫情

1985年12月上旬，我在乔善乡卫生院病房上班，一天内收治了3例来自同一个村屯几乎一样症状的病患，都是1岁半到2岁半的小孩，都是发热、哭闹、呕吐，全身皮肤有瘀点，给病孩体检发现他们都有颈项强直等脑膜刺激征。血常规检查，白细胞总数明显增多到（20～30）×10^9 / L，中性粒细胞占80%～90%。通过腰穿（当时卫生院没有给小孩用的腰穿针，我用9号针头替代）进行脑脊液检查，发现脑压增高，脑脊液外观呈米汤样混浊，白细胞数达（5000～10000）×10^6 / L，以中性粒细胞为主，蛋白质含量显著提高，而糖含量明显减少，氯化物降低。凭着在县医院实习处理过同样病例所积累的有限经验，我判断这是流行性脑脊髓膜炎病人，这个村屯应该是发生了流行性脑脊髓膜炎疫情。

流行性脑脊髓膜炎简称“流脑”，是由脑膜炎双球菌引起、经呼吸道传播的化脓性脑膜炎。带菌者和流脑患者是本病的主要传染源。本病通过咳嗽、喷嚏等经飞沫直接从空气中传播，密切接触如同睡、怀抱、喂奶等常容易对2岁以下婴幼儿造成感染。

感染性强，儿童发病率高，5岁以下儿童尤其是6个月至2岁婴幼儿发病率最高。全年均可发病，但有明显的季节性，主要集中在11月至次年5月，以散发为主。致病菌由鼻咽部侵入血循环，形成败血症，最后局限于脑膜及脊髓膜，形成化脓性脑脊髓膜病变。主要临床表现有发热、头痛、呕吐、皮肤瘀点及颈项强直等脑膜刺激征，脑脊液呈化脓性改变。普通型流脑分为三期：一、前驱期（上呼吸道感染期），二、败血症期，三、脑膜炎期。多数患者12～24小时发展至脑膜炎期。脑膜炎症状多与败血症期症状同时出现，在前驱期症状基础上出现剧烈头痛、频繁呕吐、狂躁及脑膜刺激症状，血压可升高而脉搏减慢，重者出现谵妄、神志障碍及抽搐的症状。

按照传染病法规定，凡发现传染病疫情的必须立刻报告县卫生防疫站。因此，我当即先用电话口头给县卫生防疫站流行病科报告，流行病科主任听完我的报告后也认为这个村屯有流脑流行，当天就派了5位公共卫生医生下乡，和我们卫生院的防保人员到这个村屯进行环境消毒，对发热病人进行居家观察和隔离，对周边的人群进行紧急疫苗接种。正是因为实施了这一系列的紧急措施，才避免了流脑的进一步扩大流行，保证了村民的安全和健康，我也因此受到县卫生局和防疫站领导的表扬。两年后我被调到县卫生防疫站工作，这也许就是原因之一吧。

凶险的过敏性休克

当了大半辈子医生，我曾经碰到不少凶险的医疗事件，让我印象深刻的首推过敏性休克。

在大学期间，学习《药理学》的《青霉素》这一章节时，我对课文中的青霉素过敏反应刚有点印象，就碰到一个突发事件：一天晚饭后，我和两个同学去散步，路过我们学校的附属门诊(那时学校还没有附属医院)，碰上急诊室里正在抢救一名女性病人。我们就进去围观学习，老师介绍说，这个病人是青霉素过敏反应导致的重度休克，原因是这样：她1岁多的女儿因肺部感染到门诊注射了青霉素，她抱着小女孩小便时，小女孩的尿液淋到她有伤口的左足背，竟然使她发生了青霉素过敏，导致重度休克。幸亏她倒在急诊室门口得到及时抢救，才捡回一条命。老师说这是一个罕见的对青霉素超过敏体质者。

这次“偶遇”青霉素过敏性休克病人让我对过敏性休克印象深刻，让我领教了严重过敏反应是很可怕的事情。好像我与过敏反应很有缘，之后我还经历了两次抢救严重过敏性休克病人的事件，可谓惊心动魄。

1982年10月，我在罗城县人民医院妇产科进行毕业实习。一天下午，带教老师让我去为一个年轻姑娘做中孕引产。这是一个还在学校读高中三年级的姑娘，只有18岁。她在校期间与男同学谈恋爱并偷食禁果，意外怀孕了，因害怕不敢告诉父母，等到其母亲发现女儿的异常体态时，姑娘怀孕已经将近4个月了。在20世纪80年代，未婚先孕可不是光彩的事情。事已如此，其母亲只有带她来医院，唯一的终止妊娠方法只有进行中孕引产。当时妇产科采用的中孕引产方法是利凡诺（雷佛奴尔）引产法（往孕妇的羊膜腔内注入利凡诺注射液诱发子宫收缩而结束妊娠，主要用于妊娠13～15周引产）。当一切准备就绪后，我在老师的指导下往孕妇的宫腔内的羊膜腔注入利凡诺注射液4毫升，我一边注射一边和这个姑娘聊天，以分散她的注意力。注入利凡诺的过程很顺利，但当我在收拾东西时，姑娘说很难受，我回头一望，她的面色苍白，大汗淋漓，没过一分钟，她意识消失，呼之不应，触摸脉搏细弱，血压测不到。我立即反应过来：这是利凡诺过敏性休克！我一边呼叫老师，一边按过敏性休克进行抢救。5分钟后这个姑娘苏醒了，脸色变红润了，血压也回升了，她脱险啦！后来老师特别表扬了我，说我医学基础知识扎实，反应敏捷、判断准确、措施得当。

1985年4月，我在乔善乡卫生院门诊接诊了一名20多岁的女病人，诊断结果是急性扁桃体炎，决定给予青霉素肌肉注射，按常规给病人先行青霉素皮试。没想到，皮试做完不到1分钟，意外发生了，只见病人脸色苍白，呼吸急促，接着立即意识丧失，脉搏细弱，血压测不到。临床经验告诉我这又是一起严重的青霉素过敏性休克案例，立即按过敏性休克诊治规范进行抢救。经过一系列有效的抢救，病人很快苏醒，转危为安。

经历了这些案例，我领教了严重过敏性休克的凶险。在之后的几十年行医生涯中，我每次看病时都会记得问病人有无过敏史。

巧取耳膜上的谷粒

1985年8月的一天中午，我在乔善乡卫生院的门诊上班。为方便村民看病，碰到圩日时，卫生院门诊中午正常开诊。那天正好是圩日，一名40来岁的农村男子带着一个8岁多的小男孩来了，说是小孩的左边耳朵里可能进了什么东西，我请他带小孩到五官科诊室给五官科的医生看。过了一会儿，这名汉子过来告诉我，一个星期前小男孩在玩耍时谷粒掉进左耳里，试图用手指抠出来，没有成功，回家怕挨骂不敢作声，近几天耳朵痛得难受时才告诉父母。五官科医生看后说，用耳镜可以看到左边耳朵里有一粒稻谷嵌在耳膜上。而卫生院没有供小孩用的五官科器械，县医院五官科才有这种小孩用的器械，因此叫他们去县医院看。这个汉子为难地告诉我，他是个穷农民，身上只有几毛钱，坐车的钱都没有，不可能去县里，求我想办法帮小孩取出耳朵里的谷粒。我到五官科诊室和五官科医生商量，问他有没有其他办法解决。他肯定地回答我说，没有办法，因为没有适用于小孩的五官科器械。专科医生都这样说了，我想也只能这样了。当我回到我的诊室把情况告诉这名汉子时，他露出失望和痛苦的表情。我

想，难道真的没有办法了吗？我带着小孩再次到五官科诊室，戴上耳镜仔细检查，清楚地看到谷粒嵌在耳膜中央，水肿的耳膜几乎把谷粒包埋了。我寻找了所有的五官科器械，确实没有可以用的器械。巧妇难为无米之炊，我失望地走回我的诊室。当我路过注射室门口时，看到一名中年妇女手上正在用钩针编织针织品，心里一亮，这个细细的钩针不正是最合适的工具吗？我马上向这名妇女讨要这根钩针，她爽快地送给了我。

得到钩针之后，我把这枚钩针的尖头部分用磨石稍微磨得圆钝些，然后对钩针进行消毒。先用地卡因（一种局麻药）滴入小孩的左耳里以麻醉耳膜，5分钟后，估计局麻药起效，叫小孩坐在椅子上侧头，请他父亲用双手固定小孩的头部，我借助耳镜，用钩针轻轻地拨弄，试图将耳膜上的谷粒钩出。但可能局麻药效果欠佳，每拨一下谷粒，小孩就叫疼、难受，就得停下来。这样拨一下、歇一下，再拨、再歇，再歇、再拨，拨拨停停、停停拨拨，不一会儿，小孩和他的父亲满头大汗，我也满头大汗。功夫不负有心人，大约拨弄了半个钟头，我终于把这颗谷粒给钩出来了。我给小孩的左耳滴了几滴新霉素滴耳液，并交代他回家继续滴两三天。当孩子的父亲看到我从耳朵里钩出这颗谷粒时，激动得热泪盈眶，连声向我表示感谢。

解决了这个小孩的问题后，我一直在考虑一个问题——乡镇卫生院要提高对常见病、多发病的诊治水平，必须配备一些基本的医疗设备。同时专科医生还要加强培训、提高技能，当然还要有责任心和爱心，尽可能在卫生院就解决病人的一些基本问题，避免病人动不动就要跑县医院。

这个干爹没当成

我在乔善乡当卫生院院长近三年时间，在这期间，因不同的原因为三名产妇接过生。

第一次接生是1985年7月，我下乡到较边远的大城村给儿童打预防针，碰上一名产妇要生产，可接生员走亲戚去了，没人接生。村医知道我会接生，叫我去救急，我很快帮助这个产妇顺利地完成分娩。

第二次接生是1986年元旦的前几天，卫生院一位同事嫁女，在农村家里请送嫁婚宴（按当地风俗习惯，女士去参加，男士不参加），卫生院的女士们（包括妇产科医生）都请假去村上参加婚宴。我就要求当天下午男士全部顶班。没想到她们刚出门，就来了一个产妇要生产。门诊的同事告诉产妇的家婆，妇产科医生去参加婚礼了，生小孩得去天河中心卫生院或县医院。这个产妇的家婆马上在门诊破口大骂起来："什么院长竟然敢这样做！我儿媳妇有什么问题，我要找这个院长算账！我要到县卫生局告他！"当时我在病房处置病人情况，有个防疫员到病房叫我下来，在路上把基本情况告诉了我。我心里一阵紧张，糟了！怎么这样巧呢？但我又想，我自己会接生的，怕什么呢？我立马镇静下来。到了门诊，看到那个产妇的家婆竟然是我的一个远房表姨，我笑眯眯地说："表姨您好！您怎么啦？"她回答我："锋耀外甥，我刚刚知道你是院长，但你是怎么当这个院长的？妇产科医生都放假了，我儿媳妇要生产了谁帮接生啊？"我告诉她："表姨请放心，您应该知道的，我是医科大学毕业的，接生我也会的啊，而且不比妇产科医生差。"因为是亲戚关系，她也不好再说什么。在妇产科医生返回卫生院之前，我已帮助这个产妇完成了生产，母子平安。大概过了三个月，我到这个表姨的村里打预防针，表姨抱着她的孙子来服糖丸和打预防针，她说："锋耀外甥，你帮接生的这个孙子身体好好的、棒棒的，谢谢你！"

第三次接生是1986年春节。春节放假期间，我在病房值班，让外地的医生尽可能回家过年。卫生院有两位妇产科医生，她们一个回家过年，一个值班。初二早上，值班的妇产科医生说家里有急事需请假回家，我只好同意。巧了，中午来了一个产妇要生产，我先问和我一同值班的护士："你会接生吗？"她说："实习时只跟老师接过生，但没有独自接生过，心中没底不敢接受任务。"那我又得亲自上阵了。这产妇是我一个中学师兄的妹妹，师兄和他妹夫、他母亲一起送产妇过来。本来之前就认识，沟通也很融洽，我又一次顺利地帮助产妇完成生产，母女平安。这位师兄对我说，他家人对他妹妹能得到我接生还挺满意的。春节后没有多久，我去他们村下乡，又碰到这位师兄，他说我接生的这个外甥女差不多满月了，他妹妹和他母亲都有一个共同的想法，就是请求我能答应给他这个外甥女当干爹。我想，人家可能看中我是个医生，想攀个亲戚罢了，我也不必拿架子。因此，就爽快地答应了，并同意在举办满月酒那天顺便举行一个认干女儿的仪式。回家的路上，我还在为能认一个干女儿而心里美滋滋的。回到家后我迫不及待地把这个喜讯告诉我母亲，心想她能白白地当上干奶奶也一定会很高兴的。没有想到的是，我刚说完，就被我母亲骂开了，她命令式地和我讲："你马上去退掉这个干女儿。"我说："为什么呀？"母亲说："你真是不懂事，你自己刚刚结婚还没有自己的小孩，怎么能去认干女儿？自己还没有孩子是不能先养别人的小孩的！"啊！原来还有这样的讲究，很多农村风俗习惯我是不了解的，真是白白读了那么多书了。看来，在农村工作还有许许多多东西要学习，入乡还得随俗。

进入先进卫生院行列

在乔善乡卫生院当院长期间，我按照卫生院的基本职能（疾病预防、妇女儿童保健、计划生育技术指导、基本医疗）来全面地开展工作，重点抓乡村医生、村接生员的技能培训，按上级的布置和要求，按标准、按规范开展疾病预防、妇女儿童保健和计划生育技术指导，努力提高计划免疫预防接种率，提高新法接生率。在卫生院内部，抓建章立制、操作规范，抓组织纪律、服务态度，改善卫生院的卫生环境。每个专职防疫员（共4名）对接联系3名村医和2名接生员，我本人对接联系1名资格最老的村医。为了更好地开展工作，打开工作局面，1985年7月我召开了乔善乡卫生工作座谈会。全院医务人员，全体村医、接生员和村长参加，请县卫生局局长、乡政府乡长、县卫生防疫站站长、县妇幼保健院院长到会做指示，请县卫生防疫站和县妇幼保健院的业务科长做技术培训。之后，每半年定期对村医和接生员进行一次技术培训。从此之后，乡、村二级干部都高度重视疾病预防和妇女儿童保健工作，积极地支持和配合。我以身作则，既管病房业务，定时出门诊，定期下村检查村医的工作，又参加乡里的计划生育突击活动。在我的带领下，卫生院职工的精神面貌好起来了，大家干劲也足了，乡村医生和村接生员的积极性也调动起来了，疾病预防、妇女儿童保健、计划生育和基本医疗等卫生院的各项工作有条不紊地开展。不到两年时间里，卫生院的面貌就有了较大的改观，每次上级来检查，乔善乡的计划免疫预防接种率、新法接生率都达标，名列前茅。1986年下半年，乔善乡还作为全县的试点之一（全县两个乡镇试点）率先开展难度极大的儿童计划免疫保偿工作，并超额完成县卫生局下达的指标。同时卫生院的基本医疗业务也有了较大的提升，1985年、1986年的门诊量和住院量比之前的年份增长50%以上，医疗收入也翻了一番（从1984年的5万多元增至10万元）。各种业务数据表明卫生院的管理水平上了一个台阶。1987年初，我们卫生院被评为1986年度县卫生系统先进单位，我本人也被评为先进个人，并在1987年全县卫生工作会议上做典型经验发言。多年处于落后的卫生院一跃变成先进的卫生院。

1987年10月，我被调到县卫生防疫站工作，担任流行病科主任、计划免疫科科长，开始从事管理全县疾病预防的工作。

乡下的工作环境是艰苦的，但是，只要用心做，多动脑筋，总会出成绩，总会有人看到和肯定。

看病人从生活问候开始

很多医生每天早上查房时往往会直截了当地问住院的病人：“你还有哪里不舒服的？”这样提问当然没有错，但是不是还有更好的方式呢？

在罗城县人民医院内科病房毕业实习时，我在带教老师的指导下分管12～15个病人，大量的事务有时让人忙得喘不过气来。但很幸运，我的带教老师蔡世权对生活充满激情，做事特别认真细致，对人特别好，无论对同事、对学生还是对病人，对所有的人都充满爱心。除了当医生，与生活技能有关的事他好像也无所不会，做木工、油漆工、裁缝都不在话下，更能烧一手好菜，有时周末了会请我们几个学生到他的家里改善生活、分享美食。他每天在病房查看病人时都很有耐心，花不少的时间和病人拉家常，对病人嘘寒问暖，因此他每次查房花的时间都比别的老师多些。蔡老师说，别小看这些不起眼的小问候，有时它的作用比药还灵呢。开始我还不大理解，半信半疑，可后来发生的两件事，让我感受到了生活问候的作用。

我管的一名风湿性心脏病合并心功能不全的35岁农村妇女，

经过治疗后病情明显好转，但仍然需要巩固治疗。某天，我农村家里有事，请了一天假回家。第二天上午11点多，我刚回到病房，护士长就告诉我：“你管的那个病人不知什么原因拒绝治疗了，你要去看看啊。”我心想：怎么回事？昨天不是还好好的吗？我急忙穿上白大褂赶到病房。见面后，我并没有马上问她为什么拒绝治疗。我说：“大嫂，你怎么穿得这么少？天气冷，会感冒的。怎么样啊，吃午饭了没有？”没想到我这么一问，病人哇的一声哭了。她向我诉说，住院后她老公回家筹钱，但都没筹到，不好意思再到医院，让12岁的儿子来叫她不治了，出院回家。因身上没钱，她昨天中午到今天中午都没吃上东西。我安慰她：“不着急，总会有办法的。”并马上到医院食堂掏钱帮她买了一份饭菜。等她吃好了，再和她拉家常。了解她家的情况后，得知她外家有一个在县里的单位当干部的亲戚，家境不错，应该可以帮助她。我报告老师后就骑单车去县里的单位帮她找到了这个亲戚，亲戚很热心帮助她，两天后她老公也筹得了钱，病人经治疗好转顺利出院。

1989年2月，我从罗城县卫生防疫站调到我实习过的县人民医院内科工作，当年带我的老师们大都已经调到南宁、柳州的大医院工作了，还没调走的也当了医院领导。能从乡镇卫生院调到县卫生防疫站，再调到县医院，是件很不容易的事。我下定决心要加倍努力学习和工作，在业务上迎头赶上。有一天，护士长和我说：“吴医生，现安排一个病人给你管。这是个老病号，长期反复住院，很不好管理，你得上心点才行。”有一个年纪大的护士马上私下里提醒我：“他们就知道欺负你新来，你得小心点啊。”我从侧面了解到，这是一位70多岁的老红军，离休干部，为中国革命做出过重要贡献，战争年代积累下来的伤痛，加上年纪大后多年的疾病缠身，使他变得脾气暴躁，还有点小心眼。家属对服务要求也较高。我知道这些情况后做了分析：老红军思想品质好，只是疾病缠身后心理有了变化，只要我们真心对他好并让他和他的家人感受到，他一定会接受我们的。做好准备之后，我选择他夫人和小孩都在的时候进去查房，我首先向他打招呼问好，我说："从今天起我是您的主管医生，我从小就很崇拜老革命、老红军、老英雄，现在有机会为您服务是我的荣幸。您和您家人有什么要求尽管提出来，在力所能及的范围内我一定去解决，解决不了的，我会及时报告主任和护士长，让科室和医院层面来解决。"我的坦诚得到了老红军本人及家属的初步认可。之后，我每天早上查房先去看他，上午和下午下班前都记得再去看他一眼，问候一下生活方面的情况；晚上值班时争取再去和他聊一会儿。过了一段时间，这位老红军已经和我成了无话不说的莫逆之交，让科里其他人惊奇不已。

通过这两件事，我有所感悟。不少事情其实很简单，作为医生，只要注意对病人嘘寒问暖，对病人用心、用情、有爱，病人及家属也感受到了这份关爱，医生与病人的沟通就会顺畅。医患信任有了很好的基础，许多问题就能迎刃而解。

『我终于看见医生的脸了』

1989年2月，我调到罗城仫佬族自治县人民医院工作，分配到内科当住院医生。当时的县医院有独立的传染科病房，在内科病房后面的一个山脚下。偏僻的传染科病房后边有一排很矮的小棚，小棚里是一排供住院的传染病病人使用的炉灶，有10多个，专供病人自己烧饭做菜。传染科病房和小棚之间等于是个小小的广场，是病人边煮饭煮菜边聊天的场所。当时的传染科不独立设科，由内科派出医生和护士轮流管理传染科的病人，医生是每半年一轮，常规是新调入内科的医生首先去管传染科病人。我也不例外。上班第二天，主任就对我说："小吴，你先去管传染科的病人吧。"内科的护士长还单独对我进行了医院感染管理方面的培训，让我学习了相关规章制度。

传染科有10～15个病人住院，病种有肺结核、传染性肝炎、细菌性痢疾等。医生、护士进到病房查房、操作都全副武装，戴上口罩、帽子，穿上隔离衣，戴手套，只露出两只眼睛，病人无法看清医生、护士的脸。第一天早上查房时，我告诉病人："从今天起，由我来为各位病友服务。"有个病人竟然说："怎么又换

医生了？”我说：“你住院多久了？”他说他前后住院已经两年了，一听声音就知道是换了医生或护士，但就是没见过医生和护士的脸长什么样子。我听后心里很不是滋味。

当天下午5点半下班了，我脱掉隔离衣，戴着口罩和帽子，穿着白大褂，绕过病房走到传染科病房后面的小广场。我和病友们保持约2米的距离，然后脱下口罩，笑着和他们打招呼：“大家好！我是吴锋耀医生，从今天起，我来为大家服务，有什么要求尽管提，我们相互配合，大家要有信心啊！祝各位早日康复！”听我这么一说，几个病人立刻眼泪哗哗地流，其中有一个病人哭着对我说：“今天我终于看见医生的脸了，别人都嫌弃我们，而吴医生你这么看得起我们这些传染病人，我们一定要树立信心，好好配合治疗，争取早日康复。”他就是早上和我说反反复复住院已经两年的那个人，是乡邮电所的老职工，患的是肺结核并咯血，这两年大部分时间都在住院，但从来都没见过医生和护士的脸长什么样子。他说完，其他病人也附和着：“对，对，我们都好好治疗。”

经历此事，我的心灵上有所触动，患者需要什么，我们得思考。这时，我想起了美国著名医生特鲁多的名言：有时是治愈，常常在帮助，总是去安慰。当医生就应当这样做。

做好职业规划至关重要

在医院工作，“等级”是很森严的，职称是等级的标志。职称高低也是一个医生技术水平高低的标志，虽然有时职称不能和技术水平画等号，但有技术水平的医生应该在职称上有所体现。按相关规定，大学本科毕业工作满1年转正，工作满5年可有资格晋升中级职称（主治医生、讲师），中级职称满5年可有资格晋升副高职称（副主任医师、副教授），副高职称满5年可有资格晋升正高职称（主任医师、教授）。

我是1983年7月大学本科毕业的，按常规，原本应该在1988年就有资格晋升中级职称，但那时职称评定工作还没有恢复常态，评评停停、停停评评。我到1990年才有资格参加中级职称评定，当年罗城县级医疗机构共有4位医生符合条件，规定只有1个指标上报到当时的河池地区职改办，我幸运地获得了这个指标。但河池地区规定，因晋级指标有限，当年只有在东兰、巴马、凤山、天峨、都安这5个县（河池地区中的山区县）工作的医生可以晋升中级职称，而在金城江、宜山、南丹、环江、罗城这5个县工作的一个指标都不给。第一次参评，我就这样被刷了下来。1991年停了一年没有评，1992年我再次申报，顺利地晋升为内科主治医生，也就是毕业9年才评上中级职称。1993年3月，我调到南宁市第三人民医院（以下简称三医院）工作，由于没有人愿意做麻醉科医生，医院要求我放弃内科专业，改做麻醉科医生，这意味着我在做了10年内科医生后要改变专业，从头学习麻醉。虽然有点不舍，但我还是服从医院的安排，开始这项全新的工作。我在南宁工作的其他同年级同学1995年基本都晋升副高职称（副主任医师）了，而我到1997年才有资格申报，而在这次评审时又遇到了挫折，我被刷下来了，原因是从事麻醉工作的时间不足5年。1998年，我再次申报才获得副高职称。获得副高职称后，我有意识地为今后晋升正高职称做准备。但当时的正高职称申报主要是面对三级医院，在二级医院想晋升正高职称真是难于上青天。2004年，我担任了三医院的业务副院长，当选为广西麻醉学分会的常务委员，三医院的心血管专科也小有名气，加上之前的几年我抓住机会开展了一些心血管麻醉方面的科研工作并取得两项市级科研成果奖，使我有勇气在2005年申报正高职称（主任医师）。在激烈的外科系列竞争中，我幸运地一次性申报成功。后来我了解到，我是我们同年级同学中晋升副高职称比较晚的，却是晋升正高职称比较早的。一位三甲综合医院麻醉科的老主任对我是这样评价的："吴锋耀还真是不错的，一个没有硕士学位的普通大学本科毕业的医生，又是在二甲这种中小综合医院工作，能这么顺利晋升正高职称，说明其能力、技术和为人都是得到外科和麻醉科同行认可的。"

我认为，做任何一种职业，特别是医生这个职业，做好职业规划至关重要。锤炼技术，提升能力，按计划去完成职称晋升，可以说是对自我的一种肯定和鞭策。

做『天天开心』的事业

1993年3月至2008年12月，我在南宁市第三人民医院工作了15年，从事临床麻醉工作，以心脏手术麻醉和体外循环心肌保护为主攻方向。

南宁市第三人民医院原是一所二级甲等综合医院，1987年以前的三医院其实就相当于城市里的一个卫生院，能开展的医疗服务项目不多。医院周边都是工厂、企业，如南宁罐头厂、南宁肉联厂、南宁面粉厂、南宁橡胶厂、南宁机械厂、南宁制药厂等。工厂、企业有自己的卫生所，职工患病在卫生所看，解决不了的也不会就近到三医院看，而是到自治区级医院看。1984年，三医院的外科主任赖纪昌接任了院长职务，转业多年的他，骨子里仍有不服输的军人精神，决心改变三医院的这种状况。经过调研，赖院长决定从心血管疾病入手，重点开展心脏外科手术。因心脏手术对各方面的技术要求很高，当时三医院的医疗条件又不怎么好，业内同行及本院职工对此并不看好。1986年年初，赖院长带领一队人马（心胸外科、心内科、重症医学科、麻醉科、手术室等相关科室医务人员）到广西医科大学第一附属医院进行为期半年到一年的进修学习。学成归来后，这支队伍在广西医科大学第一附属医院老师们的帮助和指导下，开展了体外循环心脏手术和二尖瓣球囊扩张术。1987年，三医院开始开展心脏外科手术。从那时候开始，三医院的心胸外科、心血管内科医生都是先到广西医科大学第一附属医院打基础，然后再到北京的心血管病专科医院进修学习的。1992年，三医院增挂了“南宁市心血管病专科医院”的牌子，原来名不见经传的小医院成为享誉区内外的心血管专科医院。医院的综合实力不断提升，1999年顺利通过了二级甲等医院的评审，后来又成为三级心血管病专科医院，一所颇具实力的以心血管专科为特色的医院展现在世人面前。

因心脏手术的技术条件要求很高，手术风险很大，手术死亡率较高，手术费用也高，20世纪80年代末到90年代初，能开展心脏手术的医院不多，一般只有医科大学的附属医院和省级综合医院能做心脏手术。三医院开展心脏手术后，定位是面向贫困、底层人群。手术费用比大医院少三分之一，对特别贫困的病人还想办法再给予部分减免。正因为如此，广西各地的一些病人特别是贫困病人都选择来三医院做心脏手术，不少外省的病人也慕名而来。

三医院心胸外科医生们成天都在忙着做心脏手术，不是在手术室里做体外循环心脏手术，就是在心导管室里做心血管造影或二尖瓣球囊扩张术。外科医生们都戏称自己是“天天开心”的医生。而我作为麻醉科医生，也参与到了这项“天天开心”的事业之中。在心血管专科的引领下，医院的其他相关学科同样得到了很好的发展。因心脏手术对麻醉技术要求很高，我们麻醉科医生基本都是去北京的心血管病专科医院进修学习。因此，我们的麻醉水平还是比较高的，能基本满足医院各手术科室的业务需求。

三医院有一个好传统，一直强调合理检查、合理治疗、合理用药、合理收费，有些病种还试行了最高限价。这样，在临床实际运作中，医生们就得尽可能选用较便宜的药品和较便宜的耗材，可用可不用的药品和耗材坚决不用，能用国产的药品和耗材坚决不用进口的。也正因为如此，如果术前评估不精准，就有可能导致预计不到的严重后果。

有一次，一个右肺脓肿的病人要做肺叶切除术。这是一个来自山区农村的贫困农民，50多岁的男性。当时，我已担任麻醉科主任。术前讨论时，麻醉科医生提出根据这个病人的病情应该用进口的双腔气管导管进行插管以确保安全（当时进口的一次性双腔气管导管一千多元一根，而单腔气管导管则是五六十元一根），但外科医生则认为病人经过前期的治疗，脓液有所减少并已经变稠，手术时小心一点，用单腔气管导管应该可行，这样可以为病人节约一大笔开支。既然外科医生这样讲了，麻醉科医生就不再坚持用双腔气管导管。那天正好安排两台大手术：一台是这个肺叶切除的病人，另一台是体外循环下心脏二尖瓣置换手术。我和一个麻醉医生负责心脏手术的麻醉，另一个主治医生带一个年轻的麻醉医生做这台肺叶切除术的麻醉。我这边的心脏手术关键步骤完成了，体外循环刚刚停止，做肺叶切除术的巡回护士过来向我报告："吴主任，那边的病人情况不太好。"请我过去看看。我过去后，那边的麻醉医生报告，麻醉过程很顺利，病人开胸前血压、心率、指脉氧等各种指标都很好，但开胸后，特别是准备分离右肺时，指脉氧从99%渐渐下降，不到10分钟，指脉氧从99%下降到60%多，心率从每分钟90次减慢到50~60次，血压从100~120/70~80mmHg下降到80~90/40~50mmHg。手术操作没有问题，也没有见到有出血，查不出是什么原因导致这些指标一直往下掉。我认真地观察了十来秒，马上做出判断，因左侧卧位，在对患肺进行手术时操作揉动导致患肺里的脓性分泌液大量流下到健侧左肺，导致肺的气体交换出现障碍，再不解决将危及病人的生命。我马上请求外科医生停止手术，将病人从左侧卧位改成右侧卧位，立即用吸引器吸出气管内的脓液，马上有大量脓液被吸出来。我同时还叫手术医生用力拍拍病人胸部，间断地往气管注入生理盐水稀释脓液以利吸出。通过反复抽吸抢救20多分钟后，指脉氧回升到80%～84%，心率、血压也回升到正常低值范围，之后达到正常，病人脱离了危险。在对病人进行抢救的同时，我立刻向广西医科大学第一附属医院麻醉科主任报告情况并请求支援，张炳东主任二话不说立刻带上床边纤维支气管镜（当时三医院还没有床边纤维支气管镜）自己开车飞奔过来，只用了半小时就到达三医院手术室。纤维支气管镜下能清楚地看见，病人两肺的所有支气管内都还有大量的脓性分泌物，张主任仔细耐心地慢慢把它们吸出来。在基本上将脓性分泌物吸干净后，撤下单腔气管导管，插上双腔气管导管，重新摆好体位，手术继续进行并顺利地完成了。

要完成一台手术，特别是像肺叶切除这样的大手术，手术前的评估极其重要，有时比手术本身更重要，术前评估精准了，手术也成功了一大半。否则，就会在手术中出现意想不到的问题，让医生束手无策，甚至威胁病人生命。这样的教训在临床工作中并不少见。因此，国家卫健委不断出台和完善的各项医疗核心制度、各种医疗规范等，就是在总结了大量数据之后做出的硬性规定，目的就是以病人为中心，确保病人的安全。

参加『病人在我心中』演讲比赛

1996年5月，南宁市卫生系统要举办“病人在我心中”演讲比赛，规定市直各医疗卫生单位先在本单位内进行预赛，再从预赛中选一名优胜者代表本单位去参加全市卫生系统的演讲比赛。

为确保有一定的参赛人数，医院根据以往的经验，规定职工人数在15名以上的科室必须派一名选手参加医院的演讲预赛。我所在的麻醉科手术室只有12名职工（医生4名、护士8名），按规定是可以不用派人参加的。科主任在科室传达医院的决定，号召大家踊跃报名参加比赛，但没有人响应。当时我外出参加一个为期一周的培训班，回到科室后，我才听说此事。我想，虽然我们科室可以不派人参加，但这么好的演讲比赛，为什么不抓住这个机会去宣传自己的科室呢？因此，我跟主任和护士长说：“让我代表科室去参加演讲比赛吧。”有个护士知道我要报名参加演讲比赛后“温馨提醒”我：“吴医生，你千万别去，你说话这么‘夹壮’（指普通话带有壮语口音），去参加演讲比赛会丢我们麻醉科的脸啊。”我当时心想，你这个人怎么会如此看不起自己人呢？但回头一想，这位护士说得确实没错，她讲的还真是直率的真话，我其貌不扬，讲普通话还真的“夹壮”呢。但我认为，演讲不是朗读和播音，关键是用生动的故事、激情的演讲去感染人，是宣传科室和展示自我的机会，我还是毫不犹豫地报名参加了这次演讲比赛。为了写好演讲稿，我到医院图书室找《健康报》等报纸和杂志，从中寻找资料作为演讲的素材，并很快整理了一篇自认为还过得去的演讲稿，利用晚上的时间在家里自己练习演讲。

医院的演讲比赛安排在一个下午，全院共有9名选手参加比赛，比赛前经过抽签来决定出场顺序。我抽到个“下下签”，第9位，也就是最后一个出场。因外出学习，之前我没有注意演讲比赛的相关要求，比赛开始前主持人宣布了比赛规则，我才知道有一条很重要的演讲加分条件，那就是演讲内容必须结合在本医院发生的真实故事，而我的演讲稿全是摘抄报纸和杂志上的东西，根本就没有本院的故事。还好，我是最后一个演讲，还有时间修改。当时坐在我两旁的，一个是我们麻醉科资深的女麻醉医生，一个是护理部的副主任。我马上向她俩询问这几年我们医院做心脏手术或抢救病人有哪些感人的故事。她俩给我讲了同一件事情，是两年前发生的事：有一个心脏左心房巨大黏液瘤的病人亟须做心脏手术，但因她是贫困的农村病人，经济条件所限没能去大医院做手术。另外，她还是乙型肝炎病毒携带者，当时医护人员对乙型肝炎病毒携带者进行手术存在被感染的风险（职业暴露），因此一些医院也尽可能不做此类手术。但我们的赖纪昌院长毫不犹豫地收下这个病人，让她住院并及时地帮她做了手术，手术获得成功后还给她减免了部分医疗费用。不用说，出院时病人及其家属对医院当然是万分感激的。其实，医护人员为这样的病人做手术是冒着很大风险的，是需要很大勇气的，我想这就是三医院的医生对病人“用心、用情、有爱”的具体表现吧，更是

“以病人为中心”的生动案例。我又想起比赛的前几天媒体报道的一则新闻：一位产妇（一位公安干警的爱人）在国内某家医院分娩后产后出血，因医务人员的冷漠和不及时抢救导致产妇死亡。此事经媒体披露后遭到公众的谴责。因此，我临时改变我的演讲内容，把媒体报道的产妇事件作为反面案例、以救治心脏黏液瘤病人的事件作为正面案例，来阐明开展“以病人为中心”活动的重要性。这些真实、生动的故事通过我幽默的语言和激情的展现，深深地感染了大家，几次掌声打断了我的演讲，我见到前排有几位领导、评委都情不自禁地流下了眼泪。最后一名出场者的演讲有这样的效果实属不易，我想，我的演讲应该很成功，最后排名第几已经不重要。最后评分结果出来，我获得第二名的好成绩。没有得第一名的确有点遗憾，这也许是因我的其貌不扬和普通话“夹壮”导致的扣分。演讲结束后，工会主席问我：“你这演讲稿是不是请谁写的，写得这么好？”护理部副主任在旁边帮我回答：“是他自己写的啊，其他选手在上面演讲时他还在边写边修改呢。”通过演讲比赛，我的写作和演讲能力得到院领导的认可。后来，获得第一名的选手用我的演讲稿去参加全市卫生系统“病人在我心中”的演讲比赛，并获得了第二名。我想，假如是我去了，应该能得第一名。

我在演讲比赛上的优异表现很快就有了回报。没过多久，医院工会委员会到期改选，在工会主席提议下，我被选为工会的宣传委员。第二年我被任命为麻醉科副主任，开启了我在医院的另一条路——与技术业务不一样的行政管理之路。

我经常在想，机遇总是留给有准备的人，关键要自己去努力、去争取。

惊险的手术麻醉

1997年元旦后的一天下午，妇产科通知有一名足月妊娠的产妇需要紧急做剖宫产手术。那时还没有专门的麻醉同意书签字流程，而只有手术同意书签字流程，麻醉方式由手术医生决定后通知麻醉医生，如麻醉医生要改变麻醉方式还得和手术医生商量（现在麻醉方式由麻醉医生决定）。手术同意书常规的第一项就是麻醉意外，第二项是手术中大出血，第三项是手术后感染……之后还有几条是针对不同手术列出不同的手术意外和并发症的。每条都与致残致死有关，可谓人命关天。当时的手术同意书是外科手术医生跟病人和家属谈话后签字的，麻醉医生不参与术前与病人及家属的谈话和签字，麻醉意外的相关内容是由手术医生向病人及家属告知的。

接到妇产科通知后，我立即和手术室的护士一起进行手术麻醉前的准备，没过几分钟，产妇在手术室护士和妇产科医生的共同护送下来到了手术室，并被移到手术台上。麻醉选择是硬膜外间隙阻滞（剖宫产最常用的一种麻醉方式）。我手脚麻利，成功地给产妇进行了硬膜外穿刺置管（硬膜外间隙阻滞的操作方法），护士也给产妇打好了静脉输液针。产妇平躺，监测血压、脉搏、呼吸没有问题后，我准备给产妇的硬膜外导管注入麻醉药。注入前我按常规向产妇交代一些注意事项，并告知她不用紧张，说些“有我们在呢，请放心”之类的安慰话。我选用的局部麻醉药是2%利多卡因（一种最常用的局麻药）。按麻醉操作规范，要先给3～5毫升利多卡因做硬膜外麻醉的试验量，几分钟后病人腹部出现麻醉平面（腹部皮肤出现麻木，痛觉减轻或消失），并且血压、脉搏、呼吸正常，再追加8～10毫升利多卡因。这样几分钟后产妇腹部皮肤松弛并且疼痛消失，手术医生就可以动刀开始手术了，麻醉医生则严密观察产妇的生命体征（呼吸、血压、脉搏、心率、心律、体温、尿量等），有什么问题及时处理（如给氧、输液，血压低了加快输液、给升压药，术中出血多到必要时输血），以确保手术病人的安全，因此有“手术医生治病，麻醉医生保命”一说。

对产妇硬膜外麻醉的试验剂量我一直是倾向于保守用量的，这次我选的试验剂量是2%利多卡因3毫升，注入试验剂量不到2分钟，产妇对我说她胸闷难受、呼吸吃力，我立即改给她面罩给氧（之前是鼻导管给氧）。没过几秒，产妇就停止呼吸了，意识消失，心率增快，血压下降。我口头指令护士给升压药，并立刻给产妇面罩加压给氧，刚给了几次，产妇胃食管反流了，胃里的液体倒上来灌进气管，一切来得突然、迅猛，吓得我出了一身冷汗。糟糕，产妇危险了！我叫妇产科医生立即剖腹先抢救胎儿。我这边给产妇进行气管内插管后供氧，用吸引器吸出气管内的分泌物，吸引几次再给氧，给氧后注入少量生理盐水再吸引，尽可能把气管内的反流液抽吸干净。妇产科医生不到4分钟就把胎儿拿出来了，胎儿很好，评分10分。胎儿剖出后不到2分钟，产妇恢复了呼吸，人也清醒了，各项生命指征也恢复正常了，产妇有痛觉了。我不敢再通过硬膜外给药了，而是通过静脉给镇痛药以完成最后的子宫修复和腹部缝合。之后，新生毛毛（新生儿）和产妇一切都好，一周后出院回家。

这个产妇为什么出现突然呼吸停止和意识消失？这个麻醉意外的原因到现在我也没有搞清楚。但有一条很重要，那就是麻醉前我做好了充分的准备，常用急救药事先准备了，麻醉机、吸引器、气管导管、咽喉镜都准备好了，麻醉前静脉开通了，监护也接好了。如果，我说的是如果，麻醉前准备只要有其中一样没有做好，结局就可能是另一种了。这令我很后怕，至今惊悸犹存。此时我真得感谢广西医科大学第一附属医院麻醉科的老师们在我进修时对我进行了严格规范的麻醉技能训练。

在担任麻醉科主任（1997年10月）之后，我总结并实施了麻醉安全措施“麻醉六不准”，在广西麻醉学术年会上介绍和推广，深受同行肯定和接受。这个“麻醉六不准”是：

1. 麻醉医生没有看过病人，不准做麻醉；

2. 麻醉机没有准备好，不准做麻醉；

3. 咽喉镜及适宜的气管导管没有准备好，不准做麻醉；

4. 吸引器没有准备好，不准做麻醉；

5. 监护仪、心脏除颤仪没有准备好，不准做麻醉；

6. 静脉没有开通、急救药品没有准备好，不准做麻醉。

竞选医务科科长

1999年10月，我所供职的南宁市第三人民医院顺利通过二级甲等综合医院的评审。当时的评审是千分制，评分达900分以上就可以通过现场评审。经过两天的评审，医院顺利通过了二级甲等综合医院现场评审。其中，评审项目中有两项分数都获得了10分，分别是近三年的科研立项分10分和科研成果分10分。在既往的二级医院评审中，各家二级医院都很难在这两项上拿到满分，甚至不得分。因为在当时，中小医院科研工作大多是很少的，甚至是空白的。三医院也仅有正好达标的两项科研立项和一项获奖科研项目，两个课题项目主持人均是我。近三年发表的学术论文，我一个人就有三篇。换句话说，我个人为医院挣得宝贵的20分科研分。

在创建二级甲等医院（以下简称“创二甲”）的这段时间，我所在的麻醉科，开展新技术项目多，有学术论文，有科研立项，有科研成果，科室管理规范，相关的创二甲资料早早就准备好了。二甲摸底预检时，一位三甲医院的副院长到麻醉科检查后开玩笑地对我说：“如果其他科室都和麻醉科情况一样的话，你们医院都可以评三甲了。”也因为如此，创二甲的最后冲刺阶段，医院抽调我去医务科创甲办（创建二级甲等医院办公室）帮忙，整理创二甲相关资料。我被抽调到创甲办这短短的两三个月时间内，初步认识到业务职能部门在医院管理中的重要地位，特别是医务科、护理部这样的职能科室至关重要。

创建二甲综合医院，使医院的硬件软件设施都上了一个台阶。为了医院更好的发展，三医院党委决定在全院范围内公开招聘职能科室领导，将在创二甲工作中展现了管理潜质的业务骨干充实到管理部门。当时的工会主席兼人事科科长邱少雁找到我，建议我竞选医务科科长。当时医务科科长任职的基本条件包括：具有副高以上职称，现任临床医技科室主任或副主任。竞聘程序是：1.笔试，占总成绩的10%；2.综合考核（德、勤、绩、能、廉），占40%；3.面试（演讲和答辩），占50%。依次进行，每一步都公示。医务科科长职位共有五人参加竞选，除我之外，还有三位外科主任、一名医务科副科长。按既往的选拔经验，作为麻醉科主任的我应该是处于劣势的，但公选开始后，我渐渐处于优势——第一项笔试我第一，第二项综合考核因我在创二甲中的突出贡献又排第一。但我和其他四位的分数差距很小，因此第三项面试是关键。我想，我的个头、外貌、口音与另外四位相比，肯定是还没上场就已处于下风，想要胜出，必须在演讲和答辩上有奇招才行。

首先，我认真地按竞选医务科科长的相关要求撰写演讲稿，自己几番修改之后再请在邕工作的两位老乡（文科毕业的写作高手）指点、修改，进一步完善演讲稿。演讲稿写好后，我抓紧时间练习演讲，自己先练习，直至能脱稿演讲（规定时间为15分钟，我的演讲为12分钟），之后就在麻醉科同事面前反复练习，纠正发音，尽可能少些“夹壮”口音，一直练习到大家都基本认可。再就是专门为演讲买一套西服。演讲安排是在下午，当天上午我专门去会议室练习、走台，特别是确定话筒音响最佳效果的高度（因本人个子不高）。做完这些准备，我觉得心里踏实了许多，中午就好好睡了个午觉。

下午演讲前先抽签，以决定各职能科室的面试顺序，然后再抽签决定每个参加竞聘者的出场顺序，抽签结果是：医务科是第一轮演讲，我是医务科第一个演讲者。我心想，糟糕了，第一位演讲者不好讲，往往不容易得高分，我必须改变演讲策略，才能出奇制胜。我对演讲的开头和结尾做了大胆的修改，开场白我直奔主题，没有客套话："大家下午好。今天我为什么来竞聘这个医务科科长？因为我是医务科科长的最佳人选……"如此明了大胆的开场白立即获得了热烈的掌声。接着，我以自己在卫生院、县卫生防疫站、县医院及三医院的工作经历来说明自己竞聘医务科科长的优势，然后再叙述自己的"施政方案"，最后是别具一格的结束语："我承诺，如果我做不到我今天所说的，我将主动下台，绝不赖在这个位子上。谢谢大家！"铿锵有力的承诺再一次获得热烈的掌声。整个演讲我是脱稿进行的，抑扬顿挫、一气呵成，演讲时间12分钟。之后的另外四位演讲者基本是看稿演讲的，有的超了时间，还有的离话筒太远，声音太小，听众听不清，影响效果。竞选结果不言而喻。

我之所以在大家都认为我处于劣势，事前并不被看好的情况下成功竞选为医务科科长，一是我有一定的基础，并客观地分析形势扬长避短，树立自信心；二是进行很充分的准备，机会总是给有准备的人；三是把竞聘当作锻炼学习的好机会，不求结果，重在过程。

赴陆川县吊唁同事的老父亲

我大学毕业后先在家乡罗城仫佬族自治县工作了10年，可以说是在基层得到了锻炼，打下了基础。后来又在南宁市第三人民医院工作了15年，从麻醉科医生到科主任，从医务科科长到业务副院长，可以说是由业务岗转向管理岗。在这期间，我和同事的关系很融洽，特别是与一些科主任和业务骨干建立了较深厚的情谊，脑系科主任温德树主任医师就是其中之一。

温德树是和我同一个学校（右江民族医学院）的师兄，他是1977级的，我是1978级的。他原来是陆川县中医医院的副院长，毕业后一直从事神经内科专业方向的工作，曾到北京大医院的神经内科进修学习，医术好、医德好，在当地的老百姓中有很好的口碑。2001年，周铁军到三医院任院长之后，想尽办法招揽各个专业的人才。周院长也是右江民族医学院1977级毕业的，与温德树是同届同学。周院长从他那一届同学那里了解到温德树的情况后，求贤若渴，试图利用同学这层关系把温德树引进到三医院。周院长说干就干。当时我是医务科科长，所以，周院长叫上我，驱车前往陆川县中医医院拜访他这位老同学。到陆川后，我们参观温德树所在的医院和他所创建的神经内科。老同学就是老同学，周铁军和温德树通过简单的交流就达成了意向：温德树作为专家引进调入三医院。2002年，温德树正式调入三医院，周铁军院长按原先的承诺，专门设立了神经内科病区。经过艰苦的创科阶段，不到一年，神经内科病区由开始的几个住院病人到人满为患，并建起了广西第一个脑卒中中心。之后，又将神经内科和颅脑外科整合为一个科——脑系科，使神经系统疾病（内科和外科）在这里得到一站式服务，绿色通道让“急危重疑难”的患者能得到及时救治。十多年过去了，脑系科一直是三医院的品牌科室。我也从中看到，温德树既是一位好大夫，也是一位好主任。因此，我虚心地向这位师兄学习为人之道和从医之道，共同的志向使我们建立了深厚的感情。

2006年6月27日（星期二，农历六月初二）下午下班时，医务科科长叶琳向我报告说：“图书室的鲁老师（温德树的夫人）下午请假回陆川奔丧了，温主任的老父亲昨天病逝了，听鲁老师说他老人家明天就出殡。”陆川这么远（温德树的老家是在陆川县乌石镇旺岭村，离南宁有200多公里），时间又那么急，如何才能表达我们的慰问呢？叶琳科长、医务科里平时和鲁老师关系较好的两位同事，还有脑系科的副主任和护士长都在等我这个业务副院长拿主意。我是从农村出来的，知道家中老父亲病逝意味着什么，这在农村可是天大的事。按传统习惯，逝者儿女所在的单位应该有所表示（领导到场或发唁电）。作为和温主任关系较好的同事，在温父去世时理应亲自上门吊唁。我的想法得到大家的认同，虽然路远，但都表示愿意和我一同连夜赶去陆川温主任老家。我先打了个电话向温主任问候，请他和家人节哀顺变，同时也告诉他我们将连夜赶去他老家吊唁他父亲。他听说我们要过去，激动得泣不成声，但仍然劝阻我说：“路太远了，走夜路很辛苦的，情领了，你们就别来了。”我说：“我们一定要去的。”怕他再拒绝，我讲完就挂电话了。我告诉大家先去吃晚饭，我去做准备，向主要领导报告并请假，再向医院借辆车，争取8点前出发。我们的决定得到时任院长周铁军和书记祁江南的支持，周院长还让我带上他写给温主任父亲的吊唁词。我们在7点半出发。那时，南宁到陆川没有高速路，二级路的路况也不怎么好，加上是夜晚，为了安全，司机也不敢开车太快。当时还没有手机导航，有的地方道路的标志又不太清楚，差不多到了，还走错路，又多花了半个多钟头。220公里我们走了4个多小时，将近12点才赶到温主任的老家。看到我们深夜到达，温主任夫妇激动得说不出话来。温主任说，家族的长辈们听说三医院领导要来，很感动，都在等着我们的到来。他向我们一一介绍了家族的长辈们。我也代表医院，代表周院长和祁书记问候温主任一家。我们到老人家的灵柩前烧纸上香，并读了周院长的吊唁词。当我们要离开温主任家时，他家族中的一位长者对我说：“没想到你们这个城市医院的领导和同事也像我们农村人这样讲感情、讲义气，温德树去这个医院工作是去对了。你们的情和爱，我们温家记住了，谢谢你们！”

这件事使我常常在思考：人心换人心，只要你对别人好，人家就会记住你，并且也会对你好。作为领导，你能对你的下属同事稍稍好一丁点儿，你的职工、你的下属一定会感恩，一定会为单位拼命工作，多做奉献。2008年底，我到四医院任院长以后，特别注意维护职工的利益，特别注重对职工的人文关怀。医院所有的政策制度和相关决定首先要体现在对职工家人般的温情关怀上。当了11年院长，在对待职工的问题上，我问心无愧。

小万兰『救心行动』

2002年8月18日，在三医院当医务科科长兼麻醉科主任的我，接到一个来自老家罗城的电话，电话是在罗城仫佬族自治县支教的广西医科大学的曾老师打来的。因为大家都在医学界，早就是老相识了。他在电话里说："老吴啊，你罗城老家有一个小女孩患先天性心脏病，很严重，急需手术，但其家庭很贫困无法支付巨额医药费用，你看看你们医院（心血管病专科医院）能不能帮帮她。"我一听，什么都没想就马上说："叫病人过来吧，我先了解一下情况，再向医院领导报告，商量解决的办法。"我那么快就应承下来，不仅因为患者是我家乡的人，也不仅因为是曾老师的托付，更因为这是一个需要救治的生命啊！

下午曾老师陪着病孩和其父亲来到我的办公室，这个女孩子只有八九岁的样子，瘦瘦的身体，削长的脸蛋上一双大大的眼睛，显出惊恐的神色。其父亲中等身材，因紧张加上天气炎热，全身大汗淋漓，黝黑的脸上露出无所适从的表情。我先请他们坐下之后慢慢说，了解到这个小女孩叫姚万兰，11岁，读小学四年级，半岁时查出患有先天性心脏病——心房间隔缺损，因此很容易感冒，身体比其他小孩瘦小。近一年来开始出现气喘、心悸，喜欢下蹲，嘴唇乌黑。带去县医院看过，医生说只有手术才能治愈她的病，但巨额的医疗费用是这个贫困的家庭所无法承担的。去支教的曾老师在支教中发现这一情况，向县教育局领导做了汇报，他们发动了师生为姚万兰捐款，共募捐到5 000多元，她父母再向农村信用社贷款5 000元，总共也就10 000多元。曾老师带她到广西医科大学第一附属医院就诊，接诊专家告诉小万兰的父亲，小女孩必须尽快手术，否则这个幼小的生命就没有手术机会了，同时也告知他们手术费用需八九万元。小万兰的父亲听到后只觉得天昏地暗，天哪，到哪儿去弄这么多钱啊！曾老师带他们来南宁前曾听到县教育局某个领导说："南宁市第三医院的吴锋耀医生很有爱心，常常对家乡人施以援手，你们到南宁有困难可以试试找他帮忙，也许他有办法。"因为曾老师之前也认识我，就这样，曾老师把小万兰带来找我。我对曾老师说："她这个情况，手术费用缺口这么大，我也不知道怎么解决。曾老师您就先把她交给我吧，我们再想想办法。"于是，我请胸心外科医生先收她入院观察。

当我把这个情况向医院分管领导做了汇报后，分管领导说："医院不是慈善机构，不可能全部免费帮她做这个手术，另外这个手术风险也太大了，谁敢负这个责？你怎么去收这样的病人呢？"是的，领导说得也没有错啊。因此，揽上这个事后我还真感到有点为难、有点后悔了：我去哪儿帮她弄到这么一笔巨额的医药费呢？但我已经揽上这个活儿，只能先硬扛着并设法去解决它。我当时担任医务科科长（兼麻醉科主任），因开拓医疗市场需要，事实上我同时还充当着相当于宣传科科长的角色，经常与媒体记者打交道。我想，是否可以通过媒体呼吁向大众募捐医药费呢？我直接向三医院的周铁军院长报告了我的想法，得到他的支持，他让我大胆去试试。

我拿出通讯录查找我所认识的平时常常联系的各大媒体（电视台、电台、报社）的记者，一个个地打电话，说明我的意图，但得到的回复令人失望。回答基本是一样的，大概的意思是，现在这种因贫困无法治病的情况不少，另外这类报道多了也影响不太好，因此，没有媒体愿意做这类事情。这些回复好像冬天的一盆盆冷水迎面泼来，我的内心和身体全凉透了。我呆坐着，静静地思考，我无法想象，如果我告诉姚万兰的父亲，他的女儿因医药费问题将无法手术了，他将会是怎么样的反应，该如何面对这个现实。这时，我突然想起，一年前《南宁晚报》有位名叫苏贤庆的资深记者曾请周铁军院长和我到武鸣区双桥镇一个贫困户家里看一位骨折的老年病人，并免费为他做了个小手术，之后还做了报道。我想这个记者也许能帮这个忙。为了能把事情讲得清楚些，我打电话约了苏记者，约好了我去报社办公室和他面谈。我向他讲述了这件事后，还特别强调这是一个仫佬族的小女孩。苏记者马上把编辑部主任凌雨请过来听我讲。之后他们向《南宁晚报》的主管领导南宁日报社社长梁繁峰汇报并得到支持。他俩告诉我，社长已经下指示，为仫佬族小学生募捐救治生命是一件功德无量的事情，必须去做并要做好，《南宁晚报》要全程跟踪报道。2002年8月24日，《南宁晚报》在头版刊登了苏贤庆、凌雨的长篇专题报道《一个仫佬族小学生的生命渴望》。第二天（8月25日），南宁日报社的员工率先为小万兰捐款。8月27日，南宁三医院的员工也为小万兰捐款。苏记者还和我一同前往南宁市教育局，与教育局的领导商量在全市小学生范围内募集善款，得到教育局领导的大力支持。南宁市教育局破天荒地为南宁市外的一个小学生专门下发了捐款倡议书《每个同学捐出一元零花钱，救治一个生命》。8月30日，《南宁晚报》又在头版刊登了苏记者的长篇报道《同在蓝天下》，详细报道南宁市教育局号召全市小学生为小万兰捐款后所发生的动人故事，在社会上引起强烈反响。一时间，各个学校的学生积极捐款，东葛路小学还派学生代表到医院看望慰问小万兰；有的社会人士亲自到病房献爱心；驻邕罗城老乡自发组织捐款并派代表前来慰问……感人的场面每天都在小万兰的病房里上演着。

医疗费用已经有了着落，下一步就是要为小万兰做心脏手术，挽救她的生命。为了确保万无一失，三医院邀请了广西医科大学第一附属医院和自治区人民医院的心脏外科和内科的多位顶级专家来给小万兰会诊，制订周密的手术方案。针对小万兰营养不良、重度肺动脉高压等情况，专家们提出：不着急手术，先加强其营养，消除营养不良，使用药物逐渐降低肺动脉高压，降低术后复苏的难度，等待身体各项指标达到手术的基本要求后，再为小万兰做心房间隔缺损修补手术。就这样，小万兰手术前住院调养了两个月，通过全面的综合评估，她身体的各项指标达到了手术的基本要求。三医院决定于2002年10月17日上午为小万兰在全身麻醉体外循环下行心房间隔缺损修补手术。为确保手术成功，我们特别邀请国内著名的心脏外科专家、自治区人民医院副院长林辉教授为小万兰的手术主刀，由我主持麻醉。在整个手术团队的密切配合下，手术虽有惊险，但整个过程还是很顺利的，这台备受广大市民、南宁市小学生还有各级领导关注的心脏手术取得了圆满成功。术后第4天，小万兰度过危险期，从重症监护室转到普通病房进一步治疗，这也标志着手术成功了。

小万兰回到普通病房后，虽然我们控制探视，但每天仍会有认识或是不认识的关心她的人前来探望和打听其病情。有位没有得到探视许可的阿姨，到护士站留下2000元，连姓名也不留。2002年10月23日，时任市教育局党委书记夏建军、局长邓敏代表南宁市各小学师生前来慰问小万兰。11月6日（小万兰出院前三天）上午，时任南宁市副市长的郑军健在市卫生局局长周凯声的陪同下前来看望慰问小万兰，同时专门慰问了为小万兰做手术的医护团队，使广大医护人员深受鼓舞。11月7日上午，小万兰做客《南宁晚报》报社，送上锦旗，表达感激之情。同一天下午，小万兰专门到东葛路小学向帮助她的同学们表达谢意。11月9日，小万兰出院回家。2003年1月5日，三医院的专家专程到罗城为小万兰复查身体，小万兰一切正常。2003年3月，小万兰返回学校继续读书。2003年7月24日，小万兰利用暑假时间回南宁三医院复查身体时，医院指定专家为她进行了X光、心电图、心脏彩色超声等全面的身体检查，结果表明她的心脏功能已经基本正常了。我们看到小万兰脸色红润，白里透红的小脸露出甜甜的微笑，她长高了、长胖了，身高比手术前增了4厘米，体重增至32.5公斤，比手术前增了近10公斤。小万兰表示要努力学习，用优异的成绩回报首府小学生和广大市民特别是三医院医务人员对她的关爱。在整个事件过程中，除《南宁晚报》外，还有区内多家媒体持续关注和报道，前后跨时一年多。这样的现象对一个普通病人来说也是少有的。

2007年9月，小万兰初中毕业后到河池市卫生学校就读护理专业，2010年毕业后回到罗城仫佬族自治县妇幼保健院工作，兑现了她回报社会的承诺。之后她结婚成家生子，现已经是两个小孩的母亲，工作和生活方面都顺心顺意。

为小万兰施行“救心行动”展示了社会主义国家的民族大团结，彰显了首府人民的博大胸怀和大爱无疆。

挽救一个贫困家庭

覃凤莲家住河池市东兰县，家中有年迈的父母和一个弟弟、两个妹妹。父母都是普通农民，家中种地的收入勉强可以支撑家庭基本生活的开支，孩子们的读书费用就无从解决了。身为家中大姐的覃凤莲在1998年就毅然放弃学业，去广东打工挣钱来供弟妹读书，她每个月挣得四五百块钱，只留下100块钱，其余全寄回家里。虽然工作辛苦，但能让弟妹们继续上学，她觉得再苦再累也是值得的。

但没有想到的是，2004年4月的一天晚上，覃凤莲突然感到心跳加快并出现喘气困难的情况。她在工友的搀扶下去当地医院检查，诊断为风湿性心脏病合并二尖瓣重度关闭不全，已出现心力衰竭，必须进行手术才能根治。几经辗转，2004年8月2日，在弟弟的陪同下，她来到南宁市第三人民医院住院。经过专家的评估，即使采用价格较为便宜的国产机械瓣膜做心脏二尖瓣置换术，手术总费用也需四五万元。这四五万元对这个贫困的家庭来说就是天文数字啊！为了这个大姐，弟妹们不想放弃努力：大妹辍学去了广东珠海打工，希望挣到的微薄工资能够帮助大姐；正在读高二的弟弟也利用假期到南宁边打工边护理大姐，并想方设法向亲戚筹借医药费，但都是穷亲戚，没有什么钱借给他们。

时任三医院外科主任的方海宁向我通报了这个病人的情况，因之前我成功地策划了小万兰的“救心行动”，方主任希望我再想办法帮帮这名来自贫困家庭的患者。我在思考，姚万兰是仫佬族小学生，可利用小学的学生资源募捐，有很合适的切入点。而覃凤莲是个22岁的成年人，如何去找切入点呢？我思前想后，怎么样也找不到切入点。

说来也巧，当天晚上，东兰籍的一位大学同学请我吃饭。哇，得来全不费功夫——饭桌上正好有一位来自东兰县人民政府驻南宁办事处的黄甫芳主任。切入点出现了！东兰县是革命老区，黄主任有很多在南宁工作的东兰老乡，还有不少是领导干部呢。何不请求这位办事处主任牵头为覃凤莲捐款，同时也发动三医院职工为覃凤莲捐款呢？我把这个想法报告给了周铁军院长和祁江南书记，得到了肯定和支持。院党委提出倡议，号召医院职工为覃凤莲捐款，大家积极响应。《南宁晚报》及时刊登了三医院职工为覃凤莲捐款的消息，驻邕东兰老乡也立即行动起来，黄甫芳向记者介绍，他们被覃凤莲为家庭奉献的精神深深地感动。在三医院发起“为老区人民献爱心”的捐赠活动后，他们认为“局外人”的医院尚能如此，作为“自家人”如果不做点什么的话，就太没有情意了。

于是，经东兰县委、县人民政府同意，由东兰县人民政府驻邕办事处牵头，黄甫芳代表东兰老乡向驻邕的东兰老乡发出倡议，请大家捐出自己的一份爱心，为覃凤莲提供力所能及的帮助。倡议发出后，不到一个星期，办事处便收到了100余名东兰老乡的捐款，共2万余元。捐款的人从10岁的小学生到87岁的老红军都有，他们都希望通过自己的一点资助，让覃凤莲战胜病魔，重新站起来。覃凤莲的命运同样得到社会各界的关注，北京一家医疗器械公司捐赠了一个价值3500元的人工机械金属瓣膜，西安一家医疗器械公司捐赠了一套价值1000多元的体外循环管道和人工肺，帮助她减轻手术费用的负担。医院还做出决定，对覃凤莲余下的部分医药费再给予减免。

一切准备就绪，医院决定于9月16日为覃凤莲做手术。心脏二尖瓣膜置换术已是很成熟的心脏手术了，因此覃凤莲的心脏手术很顺利、很成功，她的身体也很快就康复，可以出院了。出院前的那天早上，覃凤莲把自己亲手写的一封信送到医护人员手中，感谢医护人员对自己一个多月的精心照顾。三医院的医务人员送上鲜花，祝覃凤莲早日完全康复。为防止身体依然虚弱的覃凤莲在拥挤、潮闷的班车上出现不适应的情况，医院还派出专车，由我和外科的医生、护士各一名，陪同覃凤莲返回东兰农村。得知覃凤莲康复出院回东兰的消息，东兰县委、县政府和县卫生局、县医院的相关领导在县城等着她，和我们一起把她送回乡下的家中。第二天，覃凤莲打电话给《南宁晚报》记者，她觉得自己当天就像一个公主，集万千宠爱于一身，心里最想说的就是："感谢大家！"见到精神状态很好、身体健康的覃凤莲，她的家人非常激动，十分感谢帮助过她的热心人，她的妹妹覃凤玉在电话中哽咽不止，告诉记者："看到姐姐恢复了生气，我们真是太高兴了，千言万语也不能表达我们家人的感激之情！"

身体康复后的覃凤莲于2005年8月重返广东的工厂上班。十多年过去了，她各方面情况不错，还一直与我保持着联系。

当初那个年代还没有新农合医保，农村因病致贫、因病返贫的人不少呢。现在党中央推行"精准扶贫""健康扶贫"是何等重要！有了新农合医保，有了大病补贴，这对于贫困人群就是春风化雨。我当院长11年了，常常听到医生抱怨在钻研医术的同时还要被要求学习社保、新农合政策的知识，但个人经历过的无数病例告诉我，医术之外，我们还有可以给予病人更多关怀的办法，我们还可以做得更多更好。

心脏『残缺』的她依然快乐

2018年6月17日下午1点多，我正准备午休，手机微信接到一个请求添加好友的信息："院长好，我是彭祖坪的李侦玉。"看到此微信请求，我立即点击"添加好友"并回复："太好了，李姑娘你还好吧?"她立即回复我："挺好的，谢谢您还记得我。吴院长啊，明天就是我们相识13周年的日子，今生遇见您我无憾了。愿我们一起走过更多的13个年头。"之后，她发了几张近期的照片与我分享，我看到她那美丽、清纯、动人的面容真是开心，这也让我的思绪一下子就回到了13年前……

深山里有个"林妹妹"

在山水如画的龙胜山区，彭祖坪算是一个小景区，方圆5平方公里，海拔1500多米，是珠江水源林自然保护区。两户李姓人家安居深山，与世隔绝，默默地守护着一道道山梁。2005年6月初的一天，《南国早报》的一名记者探访这里的人家时，意外地发现第三代苗族守林员李财进的小女儿李侦玉因患先天性心脏病，长年累月被"锁"在深山。当记者来到李财进家的木楼大厅里，一个红衣女孩从厨房走出来，端出热乎乎的苗家油茶，笑着用标准的普通话招呼记者。女孩面目清秀，纤弱苍白，像个纸糊的丽人。她微微地笑着，说话如莺歌燕语，这便是李侦玉，19岁的她看起来只有15岁的模样。小玉的出现，仿佛“天上掉下个林妹妹”。老李告诉记者，小玉两岁时，母亲带她到县医院检查，医生告知她小玉患有先天性心脏病室间隔缺损，只有进行心脏手术修补缺损才能治愈小玉的心脏病。但在当时，手术至少需要两万元费用。老李说，那时家里连两百块都拿不出，更别说两万元了，给女儿做手术治病成了一种奢望。小玉只好带着一颗有缺损的心脏，一天天在深山里慢慢地长大。8岁那年，小玉整天吵着要跟姐姐去上学，只读过小学的李财进看着女儿发愁：不去上学，女儿就变成文盲；去上学，要翻山越岭十几里到山下的龙家村小学。女儿一爬山就嘴唇发紫，喘不过气来，李财进最终决定每天背女儿去上学，一直到上初中，小玉选择住校，每个星期回家一次。此时她已有30多公斤了，还得老父亲背，她多么希望有一天自己能爬山，能牵着父亲的手走回家！可是她的病情越来越严重了，手指甲一天天变紫，手指头也慢慢变形，头晕症状越来越频繁地出现。2000年，初二上学期念完后，小玉含着泪水离开了心爱的课堂，辍学了。姐姐去读中专了，堂哥堂姐也到深圳打工去了，小玉就成了山林里的寂寞“林妹妹”。小玉每天帮父母做些轻便的家务活，最喜欢做的事情就是看看书，写写字，听听歌曲，在黑白电视机前看节目。在深山里，只有家里养的一只温顺的小山羊是小玉的好伙伴。记者问小玉：“没钱治病只能待在山里，心里怨父母吗?”对这一疑问，小玉先是诧异，而后一笑：“怎么会呢，那是没有办法的事。”小玉说，如果能把病治好，她也想走出山去，领略山外世界的精彩，而她最大的心愿，是有一天能重回校园，完成初中学业，继续读高中。

我当时所在的南宁市三医院正在开展针对贫困病人的“救心行动”，在此行动中姚万兰、覃凤莲被成功“救心”的事迹报道感动了许多人。因此，《南国早报》记者找到了我，告诉我龙胜深山里这个苗家女的故事，听完记者向我叙述的这个动人故事后，我立刻萌生出要去帮助这个苗家女的念头。

启动“救心行动”，去深山接小玉到南宁

小玉家的不幸、李家的父女情深，经《南国早报》报道后，牵动了不少人的心。记者把小玉的故事告诉我之后，身为副院长的我主动向院长周铁军、书记祁江南报告这一情况，并提出我的设想——到龙胜深山里把小玉接出来，到我们三医院进行全面的检查评估，看看她还有没有手术的机会。周院长当即指示：“老李这种父爱像大山一样深沉，让我们很感动，为了让小玉能走出大山，我们可以派专家到龙胜彭祖坪了解小玉的病情，情况允许就把她接到我们医院来进一步检查。”

2005年6月11日（中国传统节日端午节），由三医院党委书记祁江南、方海宁主任（胸心血管外科主任医师）和我组成的专家组，开着一辆救护车，驶向500多公里外的龙胜彭祖坪。车到龙胜，我们才得知这段时间连降暴雨，龙胜县城到马堤乡的公路大塌方，往马堤乡龙家村必须绕道，从湖南城步苗族自治县汀坪乡进马堤乡，因此得多行车3个多小时。即将到龙家村的寨子时，前行的路还是被塌方的泥土堵住了，我们只好将救护车停在路边，请老乡帮忙挑行李，步行进山，一步一步走向彭祖坪自然保护区。暴雨过后的阳光格外毒辣，连日的降雨使得山路又泥泞又湿滑，一个多小时后，大家的鞋子、裤腿上都沾满了泥巴，上衣被汗水湿透后又被太阳晒干。由于事前没料到山如此高，山路如此难走，我们都穿着皮鞋，一路上脚底打滑，险情不断。大家忍

不住感叹：我们空手爬山尚如此气喘吁吁，难以想象老李背女儿上学风里来雨里去，会有多辛苦，需要多大的毅力！

不知翻过了多少座山岭，蹚过了多少条溪流，向导小毛（时任龙胜县委宣传部干事毛人逸）不知说了几次“快到了，就在前面不远”，爬行两个多小时后，我们终于看见了梯田，看见了李家陈旧的小木楼。李财进迎上来，紧紧地握住我们的双手。

刚刚走进李家小木楼，小玉闻声从厨房走出来，祁书记送上了好不容易才背上山来的慰问品。小玉端出了早就煮好的苗家油茶，腼腆地微笑着，不停地招呼我们：“多喝点啊。”

经小玉同意，方海宁主任给小玉做了初步检查，结合她的病史，方主任判断小玉的病情比较复杂，需要到医院进一步检查才能诊断，这需要到医院住院才行。我们的建议让老李夫妇又喜又忧，喜的是女儿得到热心医生的关爱，忧的是家里无法承担女儿治疗的花费。祁书记告诉老李，我们免费为小玉检查诊断病情，走一步看一步，尽可能帮助小玉。

当晚，我们就在李家住下。老李热情地招待，宰了两只鸡，炒了平时舍不得吃的腊肉，端出自家酿的糯米酒。我们吃着，喝着，聊着，我还和小毛唱起了山歌，歌声在寂寞的大山里应和着几声虫鸣蛙叫。

第二天早上起来吃了简单的早餐后，小玉换了牛仔裤和运动鞋，行李只装了一个小背包，她说不想让父亲太累，只带了换洗的衣物就出山了。小玉一开始还试着自己走，但走不到20米就嘴唇青紫，老李夫妇于是轮流背着女儿。方主任一路跟着，关注着小玉的情况。一路上，向导小毛这位龙胜很有名气的歌手为大家唱歌解乏，小玉还特意点歌要小毛唱《爱的奉献》，小毛悠长的歌声在山林中久久回荡。3个多小时后，我们终于下到龙家村，登上了救护车。救护车在崎岖的山路上起伏，惊险不断。又过了

3个小时后，我们终于到达龙胜县城，在此休息一晚，第二天再从龙胜县城出发。小玉在我们的照顾下顺利地到达南宁，住进三医院的胸心血管外科病房，大家悬着的一颗心终于落地了。

小玉祝愿好人一生平安，满怀感激之情告别南宁

《南国早报》报道了小玉的病情，并在编后语写道：层层叠叠的深山，只有两户人家的村庄，与生俱来的疾病，令人怜惜的如花少女，但愿点点滴滴的关爱，汇聚成爱的河流，流过高山，流进小玉的心田，浇开她如花的青春。

热心的读者爱心涌动，纷纷表示要伸出援手帮助小玉。广西红十字会的领导送来2000元慰问金；一位退休的老先生托祁书记送来一个信封，没留姓名，打开信封，内有1000元。热心人一个接着一个，到病房看望慰问小玉，捐出自己的爱心款。没几天，小玉就收到爱心捐款3万多元。住院期间，小玉被许多人的爱心感动着，而小玉的坚强同样在感动着许多人。

医院对小玉这位“特殊”的病人高度重视，专门为她准备了一间单间病房。第二天，医生们开始为小玉进行全面的检查，包括做心脏造影术，虽然有些检查会痛苦难受，但小玉非常配合，她说：“为了治好病，我什么都能忍受。”做好了所有的检查，我们还特别邀请了广西医科大学第一附属医院心血管外科和心血管内科的专家教授，与三医院的专家们一起讨论会诊小玉的病情。遗憾的是，会诊的结论是小玉已不能做心脏室间隔缺损的修补手术了，除非做心脏缺损修补加肺脏移植手术。小玉患的是先天性心脏病室间隔缺损，因耽误了手术时机，当血液左向右分流导致重度肺动脉高压后，就会改变为右向左分流，病人出现持久性青紫，也就是艾森曼格综合征，这时就不能做缺损修补了。专家还预测，小玉也许只有3～5年的生存期。因此，小玉只能接受保守

治疗，服用降肺动脉压力的药物，缓解其症状。

尽管小玉暂时还不能做手术，但我们还是想把更多的爱倾注到她身上，让她感受首府人民的大爱。安排小玉去电影院观看电影时，她说这是她有生以来第一次进电影院看电影，心里无比兴奋。《南国早报》党支部到南宁市陈村水厂过组织生活，小玉父女作为特邀嘉宾参加。参观水厂时，听见水厂机器声隆隆，小玉充满好奇地说："城里人喝的水这么复杂呀！我们山里的水接起来就能喝，那才是真正的'自来水'呢。"我们还带小玉去看了南宁市的城市风景，包括国际会展中心、五象广场、南湖名树博览园……2005年7月14日，小玉的病房来了两个女孩，这是我们精心安排的活动。这两个女孩正是之前在三医院通过"救心行动"恢复健康的姚万兰（15岁，罗城人，仫佬族）和覃凤莲（23岁，东兰人，壮族），她们回医院复查身体，同时特意来看望小玉。共同的命运使这三个原本素不相识的女孩联系在一起，她们你靠着我、我靠着你，手拉着手，说起自己得到众多热心人捐助的事。年纪最小的小万兰对小玉说："小玉姐，你千万不要失去信心，有这么多人关心帮助你，相信你也会像我们一样好起来的。"小玉回答："我不会灰心，我很有信心。"整个上午，病房里充满了三个女孩的笑声。

转眼间，小玉就要告别南宁回龙胜彭祖坪了。我想，小玉回去后将不会再寂寞，因为回到家里依然有爱相随，首府人民的爱、许多陌生人的爱，将是她如花季节中温暖的回忆，是她心里的一道光芒，永不熄灭。

2005年7月17日，医院派了一辆救护车，我和另外两位医生、护士共同护送小玉回龙胜县。为了方便小玉今后就诊，我们到达龙胜县城后，陪同小玉到了县人民医院，就她的病情与院长和内科主任沟通。院长表示，今后会尽力在小玉的后续治疗方面继续积极配合并给予最大的支持。7月18日上午，救护车把小玉送到马堤乡龙家村，小玉的母亲和许多乡亲都已在村口守候多时，小玉由父母轮流背着回家，我们也一路护送。

14年过去了，小玉将专家“可能存活3~5年”的预言一破再破。2019年端午节，我的手机响起，一看，是小玉请求和我视频电话。她还是那个神态，那样地微笑着，那么漂亮。她告诉我，她现在按时服用降肺动脉药物维持着，身体情况不错，感觉良好，乐观生活，天天在家帮父母做饭，做轻的家务，有游客来就接待，寒暑假还帮姐姐带小不点。她还俏皮地告诉我，偶尔也谈谈恋爱。

身体里揣着一颗残缺心脏的姑娘，依然坚强快乐地活着，我们这些拥有正常身体的人，不应该更珍惜自己吗？

与志愿服务的不解之缘

2008年5月8日，广西红十字会启动“救心行动”，我时任南宁市第三人民医院业务副院长。得知这一消息后，我立刻想到了一年前曾在三医院接受过治疗的先天性心脏病患儿马宁梅，她来自南宁市西乡塘区坛洛镇马伦村，父母都是朴实的农民。小宁梅小时候常常发烧、咳嗽、气促，在她两个月大进行体检时就被疑诊为先天性心脏病。2007年3月，3岁多的小宁梅在三医院确诊为先天性心脏病室间隔缺损，并已经有手术指征，但当时因其家庭贫困无法支付手术费用，只好回家，并一直拖着。于是，我把小宁梅的情况报告给医院主要领导，经医院党委班子研究，决定响应广西红十字会的号召，加入“救心行动”中，把小宁梅作为第一例免费心脏手术的对象。

2008年5月10日，4岁半的小宁梅病床旁贴上了写有“救心行动特别病房”字样的巨大心形标记。广西红十字会秘书长龙军胜一行人给小宁梅送来了鲜花和果篮，并将先天性心脏病资助申请表交给了她的父母。“我们家里是种田的，一年的收入也就3000多元，孩子每年治病的钱就要一两千，去年种的香蕉又遇到台风被水淹了，家里实在很困难，10 000元的手术费对我们来说实在是付不起，现在可以免费做手术，真的是雪中送炭，我们真的很高兴……”小宁梅的父母看着活泼可爱的女儿就要得救了，脸上绽开了舒心的笑容。看到他们的笑容，我想到：小宁梅是得救了，可是还有不少像小宁梅一样贫困的先天性心脏病患儿，他们该怎么办呢？在我和时任三医院院长周铁军的倡议下，三医院再次做出决定，在5月12日广西红十字会“救心行动”——救助贫困先天性心脏病患儿募捐活动中捐款100万元，让更多的先天性心脏病患儿得到及时救治。

5月15日，广西红十字会“救心行动”首例手术患儿马宁梅在三医院接受室间隔缺损修补手术。一周后痊愈出院。

一个人的力量也许有限，但千千万万人的力量可以移山填海！在这次“救心行动”中，我认识了红十字会这个从事人道主义工作的社会救助团体，也见证了红十字工作者和志愿者的巨大力量，从此，我与红十字志愿服务结下了不解之缘。

2008年底，我被调到南宁市第四人民医院担任院长。2011年，在我的支持下，四医院护理部韦彩云主任倡议并牵头成立了南宁市第四人民医院“小点滴”志愿服务队，我也加入了志愿服务队中。“小点滴”志愿服务队除为本院病患提供优质护理服务外，还依托医院的医疗资源和专业优势，常年活跃在医院、社区、乡村等地，积极向社会公众开展传染病防治知识和急救技能知识宣教活动。2016年4月，南宁市第四人民医院“小点滴”志愿服务队正式更名为广西红十字南丁格尔志愿服务队，同年9月成立中国南丁格尔志愿护理服务总队广西南宁市第四人民医院分队。这标志着四医院这支志愿服务队同时挂靠在中国南丁格尔志愿护理服务队和广西壮族自治区红十字会的旗帜下，更具影响力了，志愿服务工作迈上了新台阶，“为生命站岗”志愿服务项目应运而生。志愿服务队广泛吸纳社会各界力量及资源，由多所医院的医护人员以及社会爱心人士组成，如今有志愿者约560名。志愿服务队连续3年参与自治区红十字会等举办的法治大篷车·红十字志愿服务系列活动和“博爱送万家”爱心包捐赠活动，走进高校、社区、企业、工地、特殊场所和乡村等地开展“五爱”特色志愿服务活动500余场，带动近100名社会人士和学生志愿者主动加入服务队，受益群众多达6万人次。随着越来越多志愿者的加入，志愿服务形式越来越丰富，志愿服务对象越来越广泛，志愿服务活动开展得多姿多彩。志愿者在把关怀和爱心带给社会的同时，也传递着文明，从一个人身上传到另一个人身上，最终汇聚成一股强大的暖流。志愿者也让“勇于担当，甘于奉献”的四医院精神焕发更夺目的光彩。

四医院志愿服务队的志愿服务工作取得了辉煌的业绩，并得到上级红十字会的充分肯定。2012—2013年，四医院志愿服务队荣获“广西红十字会优秀志愿服务队”称号；2015年，艾滋病科护士长杜丽群荣获第45届南丁格尔奖章；2016—2017年，获中国南丁格尔志愿护理服务总队授予“先进志愿服务队”称号；2018年，荣获首届全国卫生健康行业青年志愿服务项目大赛铜奖、广西志愿服务项目大赛银奖。志愿服务队队长、四医院护理部主任韦彩云荣获中国南丁格尔志愿护理服务总队“中国护士精神奉献奖”；多名志愿者被评为全国、全区优秀志愿者。

在党建引领下，四医院以几十年来在传染病防控奋斗历程中积累的特有文化作为基石，提炼出“为生命站岗”的医院核心价值观，“勇于担当，甘于奉献”的医院精神，“奉献、自强、严谨、廉洁、超越”的院训，构建起具有传染病医院特色的文化体系，很好地将医务人员“敬佑生命，救死扶伤，甘于奉献，大爱无疆”的职业精神与“人道、博爱、奉献”的红十字精神以及

“奉献、友爱、团结、互助”的志愿者精神有机地融合在一起。

前联合国秘书长科菲·安南曾在“2001国际志愿者年”启动仪式上指出：“志愿精神的核心是服务、团结的理想和共同使这个世界变得更加美好的信念。”我认为，医学需要人文，社会召唤人文，生命渴望人文，而志愿服务则是人文服务的载体和社会文明的象征。

帮助她重新站起来

2018年3月上旬的一天，南宁市三塘镇创新村的村医郭红莲给我打电话，说她所在村里有一位妇女，患先天性心脏病且症状严重，到南宁一家大型三甲医院就诊，确诊为室间隔缺损，可以采用心脏介入封堵术治愈，预计新农合报销外，自费部分要3万元左右，但她极度贫困的家庭根本无力支付，问我有没有什么好办法可以帮助她。我决定先去访问这个贫困病人家庭，根据其具体情况再去想解决的办法。

三八妇女节这天，我带领四医院的医务科科长覃绍坚、护理部主任韦彩云、内科主任李莎，在三塘镇四塘卫生院（四医院对口帮扶的卫生院）周立干院长、创新村卫生所医生郭红莲的陪同下来到病人家里访问。这个病人叫蓝花，时年36岁，从河池市大化县远嫁到三塘镇创新村的一个贫困家庭，育有一儿一女，都已上小学了。家里有两位年迈的老人，丈夫外出广东打工了。她家的砖房是丈夫的三姐妹（都另外成立家庭）共同出资建造的。她的家里没有一件像样的家具，可谓家徒四壁。当蓝花得知自己患病时，也不敢告诉家里人，还要去做体力活。近段时间她出现了严重的呼吸困难和心悸等症状，经村医郭红莲的反复动员后，才到市内某三甲医院就医并确诊。因家庭经济严重困难，她决定放弃治疗，郭医生这才向我们求助。

了解到这一情况后，我和四塘卫生院周院长商量，我们四医院和四塘卫生院一起发动本院职工捐些善款帮助蓝花解决她自费部分的医药费。这是挽救一个生命，更是挽救一个贫困家庭。

从病人家中返回医院后，我立即向医院党委做了汇报，建议发动全院职工捐款。这个建议得到全体党委委员的一致同意。党委的捐款倡议书中这样写道：健康扶贫是我们的责任。病魔无情人有情，一方有难，八方支援。“勇于担当，甘于奉献”一直是四医院人秉承的高尚情操和职业精神，“为生命站岗”一直是四医院人对百姓的承诺。医院党委向全院职工发出号召和倡议，请大家伸出援助之手，为蓝花献上一份爱心。我们的爱心会给她战胜病魔的勇气，能帮助她渡过难关，爱心就是这个家庭明天的太阳，“爱人者，人恒爱之”。

倡议发出后，全院职工积极响应，总共捐款4万余元，四塘卫生院职工也捐款5000多元。有了这些善款，蓝花就可以安心地去做手术了。蓝花选择到南宁市第一人民医院做了心脏介入手术——室间隔缺损堵闭术，手术很顺利、很成功。这家医院在费用上也给予优惠和部分减免，新农合报销了大部分。自费部分不到2万元，由四医院和四塘卫生院的善款支付。募捐所得余下的善款存入四医院的扶贫基金账户，以后再资助其他有困难的贫困家庭。

一年后蓝花复查，一切正常。蓝花现在已经可以做一些体力劳动，可以有些收入补贴家用了。在众人的爱心帮助下，这位曾患有心脏病的母亲重新站了起来，这个家庭也重新响起了欢声笑语。

从医生到患者的感受

1993年3月，我从罗城仫佬族自治县人民医院调到南宁市第三人民医院工作，入职后院方要求我放弃从事了10年的内科专业，改做麻醉科医生。麻醉属外科系列，这是完全不同的专业，意味着我需要重新再来、从头另学，我虽有些犹豫但还是接受了医院的安排。在科室跟班了几个月后，1993年8月至1994年2月，我再次到广西医科大学第一附属医院进修学习（1990年在罗城县医院时我曾经来此进修学习心血管内科半年），这次是学习麻醉学，重点是心血管手术麻醉。之前毕业实习时虽然也在外科轮转学习了一些基础知识与基本技能，但我对外科不怎么感兴趣。改学麻醉专业之后，我才发现和体会到外科医生的伟大：通过手术刀让没有生存希望的病人起死回生，使严冬变成春天；把残缺的器官修复完美，使千万个家庭因此能幸福地生活。当然我也经历了目睹那些做着正常手术的病人因不可预见的意外或并发症被夺去鲜活生命的无奈。这在早期开展（20世纪80年代中期到90年代初）的心脏手术中更是时有发生，因为心脏手术是外科手术中最难做、最复杂的手术种类，它需要打开病人的胸腔、心脏，很多时候是要把身体里的血液引出到体外人工心肺机里氧合之后再输回体内，这时病人的心脏要暂时停止跳动，肺脏停止氧合，也就是说这时是体外人工心肺机代替心脏和肺脏做工，待到心脏部位的手术完成后再恢复心脏跳动，肺脏恢复氧合功能。由于心脏手术风险极大，意外发生率相对其他种类的手术要高些，导致不少应该立刻做心脏手术的病人，因病人及其家属的犹豫不定，最后丧失了手术机会。我从事心脏手术麻醉15个年头，经手的麻醉上千例，常常与病人及其家属分享心脏手术成功的喜悦，但也曾有过与病人家属一同承受因手术失败导致病人死亡的失落和痛苦。

其实，我本人既是医生，也是一个心脏病病人，我年轻时就已发现有心脏二尖瓣轻度关闭不全，上大学体检时，心脏听诊就有2到3级吹风样杂音，在年轻时不影响日常生活和工作。自2012年起（这年我50岁了），虽然仍没有什么症状，但每年例行体检时心脏超声提示二尖瓣脱垂并中度关闭不全，连续观察了三年，心脏开始渐渐地明显增大了。2015年，广西医科大学第一附属医院的心脏外科专家就建议我可以考虑做手术了，我说再观察一两年再说吧。2017年2月，我到北京出差时专门去北京阜外心血管医院把相关资料提供给心脏外科的两位专家进行评估，他们也建议我尽快手术，并说我的二尖瓣脱垂做二尖瓣成形术的可能性很大，应该不用进行二尖瓣膜置换，建议我最好能到北京阜外心血管医院住院手术。我说可以考虑，但北京人生地不熟的，手术还是在广西做比较好，广西的心脏手术技术水平已经相当不错了。我计划在2017年底前进行我的心脏手术。为此，我安排在7月先参加儿子的结婚典礼，等儿子去美国探亲了（当时儿媳妇在美国留学）我再做手术，这样就可以避开他们两个年轻人，以免他们为我担心。经和我爱人及最好的几个兄弟朋友商量后，我决定到广西医科大学第一附属医院胸心外科进行手术，并预约了手术时间。胸心外科主任郑宝石教授还建议，可以帮我邀请北京安贞医院的尤斌教授来主刀，采用目前最先进的微创（胸腔镜）手术方法进行二尖瓣成形术。2017年11月2日，我向单位请了工休假并报告上级主管领导后就悄悄地办了住院手续，住院后完善手术前的检查和准备，包括冠状动脉造影，等待尤教授在11月8日上午帮我主刀手术。11月6日晚上，郑宝石主任到病房看我时，当着我爱人的面，我对郑主任说："我是心脏手术的麻醉医生，自己很充分地理解心脏手术的风险，我说万一，万一在手术过程中出了什么无可挽回的意外，请郑主任把我的肝脏、肾脏和角膜捐出去救治其他病人。"我说这话时，我爱人在旁边哗啦啦地流泪。郑主任连忙制止我说："我们有那么多的手段，不会有事的，请放心。"当知道我的手术没有告知儿子和儿媳妇时，郑主任叫我爱人去谈话，要求手术当天务必要叫我老家的两个弟弟到医院。11月7日晚上10点半，尤教授到病房给我检查身体，告诉我，根据所提供的有关资料，他有95%的把握可以做二尖瓣成形术。尤教授离开后当班护士马上过来监督我服用安眠药，我说："不用了吧，我不会失眠。"护士说："不行，必须吃药。"我服从了，并在护士的监督下服下安眠药。护士离开前好奇地问我："你难道真的不怕手术吗？"我回答说："一点都不怕那是假的，但你得面对并正视它啊。另外，麻醉后你将进入另一个世界了，如果手术真的失败了，死亡了，自己本人是不知道的，是无痛苦的状态，只是家人和朋友痛苦罢了。既然你无法掌控又何必去多想？这样想，你自然就不害怕了。"

8日上午7点半，在家人和医院几位同事的护送下我被推进了手术室，直到下午3点半，才被推出手术室转进ICU，比预计的时间多了一个多小时。后来我听麻醉科张炳东主任说，手术过程是基本顺利的，但手术难度比预计的要大得多，做二尖瓣成形术所花的时间就比预计的长，心脏停跳的时间近两个小时，体外循环的时间有3个多小时。亲人和朋友们在手术室外等待的这8个小时，特别是超出预计的这一个多小时，是够大家苦苦煎熬的。希望这种煎熬千万别再有。尤斌教授走出手术室时开玩笑地对我爱人说："吴院长工作太卖力了，把心脏瓣膜都拉裂拉断了。"

9日上午11点多，我完全清醒并拔出了气管导管。本来计划让我在ICU观察到10日上午的，但我向主任提出尽快离开ICU，后来9日下午4点我就回到了普通病房。术后的几天里最痛苦的，莫过于留下的各种管道引起的疼痛，特别是胸痛，还有疼痛导致的食欲下降。但在医生的鼓励和护士的精心护理下，在我爱人的细心照顾下，我强忍疼痛并克服各种困难，严格遵循医嘱，按时服药，强制饮食，身体恢复得很快。术后第5天，所有管道全部拔出，术后第6天就出院了。可以说，心脏手术术后第6天就出院是很少有的。我出院时，和我同一天做手术的病友（下午在我之后做的）的胸腔引流管还没有拔呢，他爱人跟我爱人说，他怕痛不肯吃东西。

经历了这次生死大手术的考验，可以说是到阎王爷那里走了一遭，心里反而坦然了许多。当了大半辈子医生，又当了病人，感慨万分——当医生不容易，当病人更不容易。两种体验都免不了惊心动魄。如果每一位医生和护士都常常换位思考，想想当病人的苦难，那么在今后的诊疗中就会更加体贴和关心病人。在医院当过病人的人，只要真诚去感悟了，在今后的生活中也一定会更加尊重医生和护士。

临危受命，领军奋战新冠肺炎疫情战场

2019年，我将满57周岁了，还有3年就退休。我计划先从院长的岗位上退下来。

虽然我已经担任了11年院长，但以我的能力和业绩，原本还不用退居二线的，据说组织上的意图是让我转岗当党委书记，辅佐新院长再干三年，然后光荣退休。

是干还是退？我自己很纠结。几次向领导汇报我想退居二线的意愿，又被领导做通了思想工作。2019年7月，我请了工休赴北京参加中国医师节庆祝大会，受领第三届“白求恩式好医生”的荣誉，前后离开医院将近20天。在这一段时间里，我认真地考量：我已经57周岁了，担任院长的时间已经很长，又在前几年做过重大心脏手术，自己感觉这两年工作干劲相较于原来差了不少，创新力和魄力也减退许多，思维有所固化。

我在思考，为了四医院的发展，为了传染病防控事业，我不应该再担任医院的任何领导职务，而应该回到临床一线科室，在正式退休前再好好当当医生。我想，我和马上退休的党委书记兰江同时退居二线，应该是利大于弊，这样可以让全新的医院党政

领导上任后没有障碍、没有顾虑，只要肯在传承的基础上大胆创新、开拓进取，新的党政一把手一定能带领四医院走向更辉煌的明天！而假如我改任党委书记，有可能因原来的积累和思维习惯，有意无意地影响到新院长发挥作用。

有了这个想法后，我也征求了几个好朋友的意见。大家都很赞同。开展人文医学的前辈、山西省运城市第二人民医院原院长李长河说："我举双手赞成，你能如此，正体现了一种胸怀和气度，你的事业已经达到巅峰，是一个成功者。让后来者接棒吧，别干到最后一天，革命自有后来人，我们已经完成了自己的使命，交班吧！"著名作家鬼子也说："世界上最难的事情是说服自己，舍得放下，特别是舍得放下还有诱惑的东西。舍得和放下，是有大智慧的人所为。"有了这些朋友的理解和支持，我更坚定了提前退出领导岗位的决心。

于是，2019年8月26日我正式向南宁市委组织部提出辞去院长职务，请求不再担任任何院级领导职务，回到临床科室工作。市委组织部领导告诉我，请我耐心等待，组织正在挑选接替我的人选，应该春节前有结果。在等待组织批准之时，新冠肺炎疫情突然来袭……

2019年12月，湖北省武汉市陆续出现了多例不明原因的肺炎患者。2020年1月，南宁市卫健委对相关情况进行通报后，作为长期进行公共卫生突发事件应急处理的传染病医院工作人员，我和我的传染病专家们敏锐地意识到，可能会有传染病疫情到来。大战在即，我此时要退出领导岗位是根本不可能的了。我必须得重振精神，率领四医院人投入抗击新冠肺炎这场没有硝烟的战"疫"中去。如何开展工作？还是不能忘记那个传统法宝，坚持党的领导，加强党的建设，以党建统领抗疫工作，依靠党，依靠群众，去夺取这场战役的胜利。

我们很快行动起来，立即启动传染病疫情应急预案，成立新冠肺炎防治领导小组，组织医护人员进行新冠肺炎诊疗及防护知识的培训及演练，各个新冠肺炎应急救治梯队人员准备就绪。

2020年1月20日，我果断下决心把呼吸与危重症医学科和综合ICU合并，腾空了甲类传染病楼一楼的负压隔离病房；按照重症病例、确诊病例和疑似病例的分类需求，对7号楼进行楼层分区，彻底消毒做好收治病人的准备。经过紧张的筹备，隔离病区57间病房（包括负压隔离病房）178张床位准备就绪。很快，1月21日晚上医院就开始收治新冠肺炎疑似病例。这是两位从武汉回来的年轻人，胸部CT显示典型病毒性肺炎的表现……

1月22日，医院在3号楼6楼举行誓师大会，动员全体医护人员全面做好新冠肺炎疫情防控工作。

1月23日上午，医院组织召开党委扩大会议，在党员干部层面再动员、再布置，并成立新冠肺炎隔离病区临时党支部。会前会后，党支部、科室和党员纷纷向医院党委递交请战书，请求坚守抗疫最前线。

1月24日，南宁市成立了新冠肺炎防控指挥部，安排我作为医疗救治组的组长。自治区和南宁市新冠肺炎防控指挥部把四医院确定为自治区级和市级新冠肺炎病人集中收治定点医院，承担南宁市新冠肺炎所有确诊病人和疑似危重病人的救治工作。

1月25日，四医院印发《南宁市第四人民医院2020年新型冠状病毒感染的肺炎医疗救治方案》（当时对于新冠肺炎还是称呼为“新型冠状病毒感染的肺炎”）等文件。一系列相应工作有条不紊地开展。整个医院进入了紧急备战的工作状态。发热门诊里，病人蜂拥而至，每天都有新的疑似病人。

2月3日，南宁市卫生健康委员会下文让我党政一肩挑（党委书记职位空缺），全面主持医院的党务和行政工作。

我从毕业实习，到卫生院、县卫生防疫站，再到传染病医院，接触过各种各样的传染病患者。我知道传染病患者往往是自卑的，患者在特殊传染病隔离病区时的孤独和恐惧心理更是我们普通人无法想象的。而众所周知，患者的心理状态很大程度上会影响医疗的效果。对于四医院的医疗护理技术，我是很有信心的，因为医院有足够数量的专家和医疗护理团队，医护人员有很好的专业素养和丰富的临床经验，经受过多次传染病疫情的考验。但新冠肺炎疫情是新中国成立以来在我国传播速度最快、感染范围最广、防控难度最大的一次重大突发公共卫生事件。在医疗护理技术之外，对病人的心理疏导和人文关怀有时可能比技术本身更重要、更有效果，我们必须高度重视。

1月24日（大年三十），四医院接收了南宁市首例确诊病例。患者是一位湖北籍的老年妇人，来到病房后，情绪非常焦虑，夜里无法入睡，拒绝进食，并提出要求：要护士24小时一步不离地陪伴在其左右。护士长及科主任多次劝说和安慰均没能说服她。我了解到这个情况后，通过医院的远程视频系统与她取得了联系并进行视频通话。通过拉家常式的聊天，我了解到患者主要是因为手机信号不好，不能与家里人通话，不了解家人的情况而感到忧虑。同时因为饮食上的差异，吃不下医院提供的饭菜。我立即向总务科长、营养科主任下指令，让他们和医院食堂商量解决不同地域患者对于不同口味饭菜的需求问题，保证患者能吃上可口的饭菜，并强调这也是治疗的重要组成部分。解决了后勤保障问题，患者的情绪终于平复下来，能够安心接受治疗。

我请隔离病区的值班医生每次查房都在患者床边多待一会儿，耐心地和患者“话疗”，尽力缓解患者的心理压力，帮助患者建立战胜病魔的信心。医护人员除了加强每天日常查房等诊疗护理工作外，一定要及时了解和尽力满足患者生活方面的各项需求，让行政后勤部门及时提供保障。

1月27日，医院收治了一例52岁的患者，经专家评估为新冠肺炎重型中的病情偏重患者，随时可能需要气管插管、呼吸机支持。这名患者因武汉的亲戚来家里过年，导致一家四口感染了新冠肺炎。他高热、咳嗽，进行性呼吸困难，肺部病灶进展较快，是隔离病区里的第一个重症病人。因身体不适，他心情烦躁，认为自己来的时候是走进来的，现在上个厕所都喘得厉害，而这些痛苦都是医护人员造成的，因此不但不配合治疗，还对医护人员刁难指责。既担心病治不好，又不按医护人员说的去做。另外，他因口苦、食欲差，不愿吃东西，且病灶广泛，氧合指数仅在150mmHg，如果再闹腾恐怕就要插管上机了，那将变成危重症，面临更大危险。例行会诊时，我了解到这个情况后，专门和他通了电话。我告诉他，他的病情虽然较严重，但只要配合治疗，就会好转的。我特别强调，肺脏是全身最娇嫩的器官，他主要是肺脏受到严重损害，才出现进行性呼吸困难。因此必须让肺静养，不能过度活动。我还把自己曾做过心脏大手术的经历告诉他，和他分享自己的感受：患病了都会恐慌，但一定要面对现实，保持乐观的心态。医护人员只能起到辅助作用，疾病好坏关键靠自己。只有吃得下饭菜，才能获得营养提高抵抗力。身体抵抗力提高了，疾病才能更快地好转。经过我苦口婆心的劝说后，他表示一定按我说的，听医生的话，积极配合治疗。第二天，主任向我反映，这位病人听话多了，能够积极配合治疗了。两三天后，他的病情就出现了转机，呼吸困难等症状慢慢改善。此后，我又多次给他电话，询问他的病情，看着他一天天好转，从重型转为普通型，在2月22日顺利治愈出院。

经过39天的决战，3月2日下午3点，随着最后3名新冠肺炎患者治愈出院，四医院实现了隔离病区确诊患者全部治愈出院，取得了确诊患者“0死亡”、医护人员“0感染”的阶段性胜利。

通过这次疫情，我更深刻地意识到，医者从事的是牵涉千家万户健康和幸福的职业，医学服务最需要的是人文关怀，要以人的温度去进行心理疏导，给予精神慰藉。作为一名医生，必须懂得换位思考，对患者要有责任心和同理心，并使这种同理心成为融入血液中的医学人文因子。

回顾自己所走过的路，看到四医院的医务人员在没有硝烟的战场上冒着职业暴露的危险和传染病战斗，在“战壕”里坚守，我更坚定地相信：我们的行动和努力具有重要的现实意义和深远的正面影响，必将在更多志同道合者的内心引起巨响。

新冠肺炎疫情给我们带来的思考

每次公共卫生事件特别是传染病突发事件发生，如人感染禽流感、H1N1流感、中东呼吸综合征、埃博拉、登革热、手足口病等，广大群众都特别关注。2020年1月，新冠肺炎疫情席卷而来。对我们国家来说，这是一次危机，更是一次大考。经过两个多月的艰苦奋战，我国的新冠肺炎疫情防控工作取得阶段性胜利，为世人所瞩目。

我国成功的防控经验可以为世界各国所借鉴。

作为一名参加抗疫的一线医务人员，作为一名医院管理者、疫情前线指挥员，十多年来我经历了多次抗疫，对于我国联防联控的公共卫生体系怎样发生作用也形成了一些认识。

保持连贯的卫生工作方针

1950年8月，新中国成立后的第一届全国卫生工作会议召开。会议确定了卫生工作“面向工农兵”“预防为主”“团结中西医”的三大方针。卫生、防疫和一般医疗工作成为全国关注的重大政治任务，各方面力量动员起来，血吸虫病、黑热病、鼠疫等传染病在中国被降伏。

1965年6月26日，毛泽东发出“把医疗卫生工作的重点放到农村去”的指示（“六二六”指示），以解决长期以来农村一无医二无药的困境，保证人民群众的健康。这对我国的医疗卫生事业，尤其是对农村医疗卫生工作产生了重要影响。

1991年，第七届全国人民代表大会第四次会议将卫生工作基本方针修改为：“贯彻预防为主，依靠科技进步，动员全社会参与，中西医并重，为人民健康服务。”

1997年，《中共中央、国务院关于卫生改革与发展的决定》提出“以农村为重点，预防为主，中西医并重，依靠科技与教育，动员全社会参与，为人民健康服务，为社会主义现代化建设服务”的卫生工作方针。

党的十七大会议提出了“健康是人全面发展的基础”的重要论断，明确了“人人享有基本医疗卫生服务”的奋斗目标。

党的十八大以来，以习近平同志为核心的党中央把全民健康作为全面小康的重要基础，强调把健康放到优先发展的战略地位。2016年8月19日，全国卫生与健康大会召开，明确了新时期的卫生与健康工作方针——以基层为重点，以改革创新为动力，预防为主，中西医并重，将健康融入所有政策，人民共建共享（简称“38字方针”）。

从以上各个阶段党和国家的卫生工作方针中可以看出：无论如何修改，如何变化，新中国的卫生工作方针都没有偏离“预防为主，中西医并重，以基层（农村）为重点”这条主线，一直保持着连贯性，始终把人民群众生命安全和身体健康放在第一位。我国新冠肺炎疫情防控第一阶段的胜利，充分体现了中国共产党领导下社会主义制度的无比优越性。中国共产党领导下的社会主义制度及其基础之上确立的卫生工作方针，是新中国成立以来成功应对历次重大疫情的根本制度保证。

2020年新冠肺炎疫情发生后，党中央高度重视，习近平总书记时刻关注疫情形势，把疫情防控作为头等大事来抓。党中央及时制定疫情防控方针政策，采取最全面、最严格、最彻底的防控措施，坚决遏制疫情扩散蔓延势头。武汉封城，全国空巷，交通实行管制，人民居家隔离，国民经济蒙受了巨大损失。“壮士断腕”的背后，是党和国家始终把人民群众生命安全和身体健康放在第一位的执政理念。而我国能够在较短时间内控制住疫情，也是因为全面落实联防联控措施，构筑群防群治的严密防线，广大群众都动员起来、行动起来。

战“疫”，从来都是一场没有旁观者的战争，病毒理应成为全人类的敌人。

县、乡、村三级传染病防治网显威力

30多年前，我在罗城县乔善乡卫生院当院长时，县卫生局局长就告诉我，乡镇卫生院是综合了县医院、县卫生防疫站、县妇幼保健院和计划生育技术指导站的职能，并且职能排位按功能的重要性依次是疾病预防、妇女儿童保健、计划生育指导、医疗。乡镇卫生院是乡村公共卫生工作的枢纽，它在乡村承担着政府的卫生行政职能，是农村疾病控制的中心，是农村初级卫生保健的核心，是农村社区卫生服务的指导中心，不是一级医院。卫生院的工作经历让我充分认识到构建县、乡、村三级医疗卫生网，特别是传染病防治网的重要性。

在城市里，也设置有社区卫生服务中心，它的职能包括预防职能、保健职能、医疗职能、康复职能、卫生宣教职能、优生优育职能。社区卫生服务中心的任务是面向社会、面向基层、面向家庭，是构成具有中国特色的卫生保健体系最重要的基层网络。

2003年非典之后，国家对公共卫生服务体系做了相应的设计和规划，重点抓基层医疗卫生建设，落实以预防为主的方针。三级传染病防治网（县、乡、村）的建设中，既重视硬件（基础设施设备）的建设，也重视软件（管理和人才）的建设。党和政府通过乡镇卫生院和社区卫生服务中心这样的平台向广大民众普及医疗卫生知识。在面对新冠肺炎这样突如其来的疫情时，基层卫生机构的医务人员发挥了重要的作用。在我看来，未来仍要进一步完善和加强县、乡、村三级传染病防治网的建设，让其在传染病防控中发挥更大的作用。

充分尊重中医在传染病防治中的地位

实践证明，在非典、H1N1流感、中东呼吸综合征以及这次新冠肺炎疫情中，当西医对病毒没有特效药品可用时，中医药却有独到之处。早期就使用中医药进行治疗的患者，治愈率明显高于单纯西医疗法。针对不同人群分类开展的中医药预防工作也屡屡取得较好的效果。国家卫生健康委要求充分发挥中医药专家在当地疫情中医药预防工作中的学术指导作用。坚持走中西医结合之路，可以充分发挥中医在传染病防治中的独特优势。

医生作为一份职业，除诊治疾病以外，更要主动肩负维护人类健康的职责。必须认识到，每一个人的健康责任人就是自己。古人云：“圣人不治已病治未病，不治已乱治未乱。”又说“上医治未病”。要实现全民健康，有必要重拾简易，还医于民，利用中医的整体观念，遵循中医提高人体免疫力以防病的基本原理，把中医的养生防病理念普及给广大民众。

医务人员是战胜疫情的中坚力量

中国的医务人员是优秀的，他们敬畏生命、敬畏职责，把

“救死扶伤、实行革命的人道主义”放在第一位。每次公共卫生事件特别是传染病突发事件发生，他们都第一时间响应并投入抗疫最前线。毫无疑问，医务人员是战胜每次传染病疫情的中坚力量。

新冠肺炎疫情发生以来，广大医务人员夜以继日、连续奋战，有的医务人员不幸被病毒感染，有的甚至献出了生命，体现了医者仁心的崇高精神。在荡气回肠的湖北保卫战、武汉保卫战中，全国人民同舟共济，全国医务工作者八方支援，共有346支医疗队4.26万医务人员投入这场与时间竞速、与病魔赛跑的紧张战斗。中共中央政治局召开的会议强调要关爱一线医务人员，科学调配医疗力量和重要物资，加强防护物资、生活物资保障和防护措施落实。全国上下，各行各业对医务人员逆行抗疫的奉献精神、忠于职责的敬业精神、救死扶伤的人道主义精神好评如潮。

中国的医务人员再次向全世界展现了白衣天使的精神风貌，示范了“为生命站岗、为健康护航”的职业操守，值得点赞！

但作为医院管理者，我深切地知道，我们的医务人员需要的并不是赞美和歌颂，而是理解和支持。在疫情逐渐得到控制，人们又回到生活常态的时候，英雄回归茫茫人海，再次相见时，又是考量医者和患者沟通交流能力的平常时候。到那时，也许可以少一些误解，多一分和谐。

第二辑

追求

——当人文医生，建人文医院

在疑惑的目光中走马上任

2008年12月中旬的一天晚上，我接到一个没有姓名标记的电话，接通后，我说："您好！晚上好！您是哪位？"对方回答："我是第四医院的书记兰江啊。刚刚得到消息，您将到我们医院担任院长，恭喜您啊！我们大家都期待您的到来，希望我们能很好地配合，把第四医院的工作做得更好。"

2008年12月25日，我接到通知，要我于第二天（12月26日）上午到南宁市第四人民医院报到。1993年我调入南宁市第三人民医院前的入职体检是到四医院做的，之后大概是在2001年带过一个疑诊肺结核的老乡病人到四医院进行确诊。除此以外，可以说我对四医院是陌生的。

报到这天，我早早起来，特意穿了一件新夹克，开着我的私家车前往四医院（我没有同意医院派车来接我）。到医院之后，我在医院内转了几圈，当然没有人能认出我。映入我眼帘的是一个环境卫生不怎么好、业务用房简陋、医疗设施陈旧、员工精神面貌又不怎么样的医院，我的内心不免有些失落。

上午10点，医院召开了全院中层干部会议，市卫生局党委副书记麻荣伟亲自到场并代表市委组织部和市卫生局宣布对我的任命。兰江书记代表全院职工对我的到来表示欢迎。兰江书记还说了不少感慨的话，比如，盼院长盼得他的头发不但白了，还差不多掉光了，才终于盼来了新院长。我听了心里颇有些激动。之后到我做任职表态发言，我说："今天是个好日子，是伟大领袖毛泽东诞辰的日子。在这样的好日子里，我很荣幸地加入四医院这个优秀的团队，心情激动。但我看下面的中层干部大多是失落的表情，当然我知道这是为什么，因为四医院没有院长已经4年多，大家盼新院长来也盼了4年多，但盼来盼去，上级怎么派来一个长得又矮又丑、讲话还'夹壮'的人？看来四医院是没有希望了……"麻书记在旁边扯我袖子，小声提醒我："吴院长不要这样说啊！"我示意他放心，接着，我提高声音说："但是只要大家精诚团结，一起努力，朝着正确的目标和方向，医院一定能得到健康可持续的跨越式发展……"下面的中层干部似乎还是一脸茫然。就这样，我在大家疑惑的眼光中走马上任了。

面对传染病医院当时的状况，这条路如何走，怎样走下去，我能行吗？我的确也茫然。

从三乙到三甲，四医院发展的重要节点

南宁市第四人民医院在60年的发展中取得了辉煌的成就。而2009年至2019年这10年间，医院更是发生了翻天覆地的变化。近10年的发展中，有几个重要节点值得记录并分享。

第一个节点是2009年的甲型H1N1流感疫情。当年5月国内开始出现疫情时，我们就马上进行应急演练，准备启用甲类传染病楼负压病房以应对疫情的到来。当市领导来到医院检查四医院应对甲型H1N1流感疫情的准备工作时，我代表医院及时递交了请示，申请专项资金购买相关的实验检验设备，市领导马上批复下拨应对甲型H1N1流感疫情专项补助200万元。接着我们又向自治区财政厅申请甲型H1N1流感疫情专项补助，获批500万元。下半年财政部又下拨甲型H1N1流感疫情专项补助370万元。这样，短短半年时间里四医院获得财政专项补助共计1070万元，全部用于购买相关医疗设备。同时我们得到职工代表大会的授权，贷款4500万元（固定资产贷款3500万元，其中2000万元用于购买医疗设备，1500万元用于医技楼建设；流动资产贷款1000万元，用以解决职工工资奖金暂时缺口的问题）。就这样，医院前所未有地投资了3000万元添置医疗设备，所添置的医疗设备能满足传染病诊疗的基本需求。用老百姓的话说，四医院的医疗设备终于鸟枪换炮了。通过应对这次甲型H1N1流感疫情，全院职工在抗击突发传染病疫情中看到了希望，对医院的未来充满了信心，对医院的健康可持续发展充满了期待。我认为这个节点非常重要。

第二个节点是成为广西医科大学教学医院。2000—2008年我在南宁三医院任医务科科长和业务副院长时，曾参与南宁市卫生学校和右江民族医学院教学医院的筹办工作，体会到教学医院对一个医院的发展所起的巨大推动作用。到四医院任职后，我认为作为传染病专科医院的四医院更应成为教学医院。2009年5月，我在院办公会上提出要申报广西医科大学教学医院，有的同志提出反对意见：我们医院基础条件太差，根本不可能通过高等学校教学基地的资格评估，没有必要去做劳民伤财又毫无希望的事情。但我坚持认为，条件要靠我们自己去创造，教学医院需要我们自己去努力争取。再说，我们传染病专科医院有自己的独特优势，医科大学的教学也同样需要我们的传染病教学资源，我们要有信心。我说服了大家，大家统一了思想，一致决定申报教学医院。我亲自带相关人员去当时的自治区卫生厅（2018年改组为自治区卫生健康委员会），向分管厅领导、科教处领导汇报我们的诉求，还到广西医科大学向学校领导报告我们的想法，向教务处领导汇报和沟通。我们的真诚和想做事的干劲感动了卫生厅领导和广西医科大学学校领导。自治区教育厅和卫生厅很快就联合组织专家对四医院进行高等学校教学基地的等级评估，四医院顺利通过了B级教学基地的评估。2009年9月，四医院正式挂上“广西医科大学教学医院”的牌子。从此，我们加入了广西医科大学这个教学大家庭，医院的教学和科研开始注入新的理念。我认为这个节点是一个开创新局面的节点，是四医院正式向外开放的节点。我们要衷心地感谢时任卫生厅和教育厅领导，衷心地感谢时任广西医科大学领导。

第三个节点是四医院成为广西艾滋病临床治疗中心（南宁）。我到四医院任职后，经过调查发现，当时的自治区卫生厅自2005年以来就开始有在广西建立两家自治区级艾滋病临床治疗中心的计划。构思上有“划江而治”“一南一北”的规划，也就是建立两个艾滋病临床治疗大中心，南宁市第四人民医院作为南中心，广西龙潭医院（自治区传染病医院，位于柳州市）为北中心，在5个地级市建立5个小中心，再在各县级医院建设抗病毒治疗点，构建广西艾滋病的临床治疗网。我了解到这一情况之后，马上与医院党政班子成员一起讨论、研究并做出决定，我们要抓住这个良机，早做打算，争取在四医院创建广西第一家自治区级艾滋病临床治疗中心。2010年5月，由国家发展改革委、财政部、卫生部的相关领导和防艾专家组成的调研小组到广西调研，第一站到四医院，第二站到柳州的广西龙潭医院。当调研小组在自治区相关部门领导的陪同下到四医院调研时，我们及时地呈上可行性研究报告等相关资料。同年7月，三部委调研小组在北京召开专题会议研究后，同意在四医院建立第一个广西艾滋病临床治疗中心，由国家、自治区、南宁市三级财政共同拨款，在四医院建一栋艾滋病门诊住院综合大楼，并将逐年配套艾滋病设备专项经费来支持艾滋病临床治疗中心的建设。2011年4月，自治区卫生厅下文批准四医院增挂“广西艾滋病临床治疗中心（南宁）”牌子，四医院成为广西第一家自治区级艾滋病临床治疗中心。从此每年都有相当数额的用于提升防艾能力的专项经费下拨到四医院。广西艾滋病临床治疗中心（南宁）综合大楼建成以后，医院环境发生了根本性的改变。我认为这个节点是最重要的节点，医院党委班子及时地抓住和充分利用了国家的防艾政策，是医院发生巨大变化的最重要途径。

第四个节点是启动和实施危旧房改建项目。这是一件利用国家阶段性政策为全院职工谋福利的民生大事，又是一个办理手续很复杂、运作风险极高的项目。如果党委班子没有一点担当精神是绝对办不成的。这个项目于2012年职工代表大会通过后开始启动，到2015年破土动工，再到现在工程竣工即将交房，项目运作之复杂、建设过程之艰辛是难以想象的。但办成这个事，让全院职工看到了一个敢于担当、敢于负责的党委班子。公开选房让职工看到了一个公平、公开、公正的四医院生态环境。符合条件的职工都能分到一套住房，使大家有了获得感和幸福感。危旧房改建项目使全院职工更加团结，更加有凝聚力。我个人认为这个节点是可遇不可求的，抓住这千载难逢的机会非常重要。一切从职工利益出发，抓住了一个机遇，就幸福了很多人。

第五个节点是四医院成为广西医科大学附属传染病医院。2009年时，我曾想为四医院争取直接成为广西医科大学附属医院，但自治区卫生厅科教处领导告诉我，申报医科大学的附属医院首要条件是三级甲等医院，而四医院当时只是三级乙等医院，因此只能先申报教学医院，等四医院成为三甲医院了再申报附属医院。2011年，国家卫生部颁发了《三级传染病医院评审标准》，但由于各种原因，三级传染病医院评审的实施细则迟迟没有发布。按照这样的情况，要想在2013年、2014年甚至2015年评上三甲医院，看来是不可能完成的任务。而四医院成为广西艾滋病临床治疗中心之后的这几年里，医院的硬件和软件都发生了翻天覆地的变化，特别是学科建设、人才队伍、业务用房、医疗设施等各个方面都已今非昔比。我想我们应该以传染病专科的特殊性向卫生厅、教育厅争取特殊的政策支持，争取在2015年申报成为广西医科大学附属传染病医院，然后在广西医科大学和广西医科大学第一附属医院的帮助下再申报三甲医院，这样才可以确保顺利通过三甲医院的评审。在党委会上，我提出了我的想法，得到班子成员的一致赞同。我们的申请得到广西医科大学领导的大力支持，并得到自治区卫健委和教育厅领导的认可。2015年5月，经专家对四医院进行高等学校教学基地等级评估，四医院获得了A级教学基地资格。2015年9月，四医院举行“广西医科大学附属南宁市传染病医院”揭牌仪式，我们终于正式加入“广西医科大学附属医院”行列，搭上广西的这艘医学航母，真正地成为临床、教学、科研三位一体的传染病医院。之后几年，在广西医科大学这个大家庭里，四医院取得了长足的进步，为四医院成功创建三甲医院增加了砝码。我认为，成为广西医科大学非直属附属医院是四医院划时代的重大事件，是四医院能华丽转身的一个重要因素。从成为教学医院到成为附属医院，我们对广西医科大学，对自治区卫健委和教育厅心存感激！

第六个节点是建立院士工作站等高端平台。2017年，四医院先后建起了王福生院士工作站、廖万清院士工作站、施焕中专家工作站、广西博士后创新实践基地。超前、卓越、创新的意识使四医院能在广西的众多医院中率先建起这些高端平台，在卫生健康系统内引人注目，并具有引领作用。这些高端平台的建立，将为医院今后的发展注入极大的活力。

第七个节点是成功晋级三甲医院。有前面的节点作为基础和保障，四医院成功晋级三级甲等传染病医院就成了水到渠成、没有悬念的事情。我到四医院担任院长的10年（2009—2018年），也是四医院创建三级甲等传染病医院的10年。医院从三级乙等传染病医院成功晋级为三级甲等传染病医院也是医院辉煌10年的重要标志。从2001年成功晋级三级乙等传染病医院，到2018年成功晋级三甲医院，四医院用了18年时间。艰难的创三甲历程，所有参与的四医院人将永生难忘！

自从四医院晋级为三甲医院之后，我静下来时，会认真地思考：这10年来，我们医院走过的道路有哪些节点是与医院的发展有重要关联的呢？我认为，最关键的是，这10年来，医院党委班子坚持党的领导，加强党的建设，以党建引领医院的各项工作。我们在党建引领下文化先行，确定了医院的核心价值观——“为生命站岗”。坚持做三件事：坚持政治站位，打造文化品牌；坚持自身特点，培育先模品牌；坚持又红又专，筑起技术品牌。在确定了核心价值观和坚持做三件事的原则后，就要抓住一些重要节点，抓住一些重要的机会——以上我所列的七个节点就是四医院这10年所抓住的重要节点和重要机会。有了它们，才有四医院这10年所发生的翻天覆地的变化。这10年，一路走来我觉得值了。正所谓：十年辛苦不寻常！

遭遇甲型H1N1流感疫情

我到南宁市第四人民医院担任院长之初，很多人，包括一些领导是不看好我的。因为我来自综合二级甲等医院，还是麻醉科医生，他们便认为我对传染病一无所知，公共卫生意识不会太强。其实，大家是不大了解我，我刚毕业就在乡镇卫生院和县卫生防疫站工作了近6年时间，从事的就是公共卫生工作，对传染病防治还算是有所体会的。也许真是要考验我，刚任院长没几个月，2009年3月，全国开始流行甲型H1N1流感。为了应付随时可能到来的疫情，经过非典考验的四医院对有可能到来的疫情还是很敏感的。在我的建议下，在业务副院长的带领下，医务科、护理部立即组织医务人员进行甲型H1N1流感相关知识的强化培训，为应对随时到来的疫情做好充分的工作准备。这就是古人所说的“未雨绸缪”。

2009年5月初，广西民族大学举办与台湾、香港大学生的联谊活动。过程中，几名学生出现发热，有疑似流感的症状。经市疾病预防控制中心派预防卫生技术人员专业采样，确诊为甲型H1N1流感，是局部小暴发流行，必须采取局部隔离措施，把确诊的病人就地隔离治疗，有接触史的学生就地隔离并进行医学观察，学校为此专门腾出一栋独立的宿舍作为隔离区。市卫生局指示四医院全力投入甲型H1N1流感的救治工作，腾空隔离病房，随时准备收治病情较重的患者。同时，指令四医院组织部分有经验的医务人员到广西民族大学的宿舍隔离区设立临时隔离治疗点，对轻症的学生进行隔离治疗观察，对密切接触的学生实行隔离医学观察，对学生们进行防治传染病的科普宣教。四医院的医务人员吃住都在学校里，直到隔离结束，较好地完成了这次甲型H1N1流感的校园防控工作。

9月中旬的一天，接到上级通知，准备从贵港市转一名甲流重症病人到四医院救治。这是四医院接收的广西首例甲流危重症患者。医院立即发出通知，第一应急小分队的医务人员半小时内全部到位，隔离病房的相关物资全部准备就绪。这是一个17岁的男孩，下午4点到医院时已有呼吸衰竭的症状，医师立即给他上了无创呼吸机，但病人仍处于十分衰弱的状态。四医院在第一时间组织院内专家会诊，确认此病人为急危重甲流病人，向上级卫生行政部门报告了病人病情，请求自治区级大会诊。当晚7点，原自治区卫生厅厅长李国坚、副厅长王勇、医政处处长梁远，原南宁市卫生局局长汤晓斌、副局长杨晓钊、医政科科长张璋，广西医科大学第一附属医院医务部部长唐卫忠、重症医学科主任汤展宏教授等，前来四医院看望和会诊这个重症甲型H1N1流感病人。针对四医院对危重病人救治能力不够强的状况，李国坚厅长指示，要利用自治区首府的医疗资源，从人力、财力、物力全面支持救治这例甲型H1N1流感重症病人。医政处梁远处长提出由广西医科大学第一附属医院、自治区人民医院和南宁市第一人民医院的3位重症医学科主任轮流在四医院值班，指导抢救，直到病人脱离危险为止。李厅长还强调说：“虽然医学科学有它的局限性，我们不能保证每一个病人都能成功救治，但我们一定要全力以赴，尽我们的所能。如果病人太严重救治不成功，我们也对得起自己从医的良心，不留遗憾，不后悔。另外，除了病人的安全，医院要创造条件保证进入隔离病区医务人员的安全。保护医务人员的安全很重要，他们是我们自己的兄弟姐妹啊。”李厅长的指示让在场的所有医务人员深受感动、备受鼓舞。

在上级卫生行政部门的领导下，在自治区级专家们的指导下，在四医院医务人员的精心治疗和护理下，广西这例急危重症甲型H1N1流感病人抢救成功，康复出院。在整个救治的过程中，四医院也积累了很好的临床经验，为之后开展应对其他甲型H1N1流感病人的治疗提供了很好的指导。在这次疫情的处置中，我的领导能力、组织能力、应对公共卫生突发事件的大局意识也得到了大家的认可。

创建重症医学科

经历了2009年甲型H1N1流感疫情的考验，我深深地认识到重症医学科在抢救急危重疑难传染病病人中不可替代的重要作用。我决心尽快地创建四医院的传染病重症医学科。我在党委会上提出这个想法，得到大家的一致赞同。我正要去向时任市卫生局局长汤晓斌汇报四医院的设想时，忽然有一天，汤局长电话约我到市卫生局谈话。当我到他的办公室落座后，汤局长对我说："在这次应对甲型H1N1流感疫情中，四医院的表现很好，值得表扬。但你们更应该思考下一步的工作重点放在哪个方面，我认为其中一点是四医院应尽快建起自己的重症医学科，尽快提高对传染病危重症病人的救治能力。"我回答说："我们正有此意，已在党委会上做了专题研究，想法跟局长不谋而合，请局长给予大力支持啊！"

然而，要建立重症医学科，具体实施起来却碰到很多困难：一是人才，全院没有几个专门进修过重症医学科的医生和护士；二是场地，没有足够面积的业务用房给重症医学科使用；三是资金，没有足够的资金支持购买重症医学科的相关医疗设备。人才缺少，就先任命结核病科四病区的林艳荣主任兼任重症医学科的主任，在全院范围内抽调曾经进修过重症医学科的几位医生和护士到重症医学科工作，不够再抽调其他医生和护士。没有场地，我们只好把6号楼一楼结核病科四病区东面的2间医护办公室和3间病房划给重症医学科使用，这样可勉强配备5张单元床位。医疗设备方面，我们先用普通病房的病床代替重症医学科的专用抢救床，购买2台呼吸机，调配5台多功能监护仪，等等。

当我们自认为一切准备就绪了的时候，市内一家三甲综合医院的一位重症医学科主任到四医院进行会诊，我向他告知了四医院创建重症医学科的事，并请他到现场指导。他看了之后直皱眉头，说："这哪行呢？国家卫生部对重症医学科的建设是有标准的，重症医学科床位数要占总住院床位数的2%～8%，比如说你们医院的编制床位有360张，那么至少要有7张标准的重症医学科床位，还有人员、设备等也是有标准的。看看你们现在的环境、规模、设施及人员配备，没有一样是符合要求的。你们在这种情况下想建重症医学科，自治区卫生厅是不可能批准的，还是算了吧，等以后条件成熟了再说吧。"专家的一席话就像一盆冷水在严冬中向我泼来，顿时浇透了我的全身。当时我真的很失望。但转过身后我再想，专家说的标准没错，但他讲的那可是综合三级医院的标准啊，而当时卫生部还没有出台针对传染病专科医院的重症医学科标准，只是要求参照执行。我们创建传染病重症医学科是为了在有重大传染病疫情来临时具备强大的救治能力，这是对传染病重症医学科的培育建设，上级卫生行政部门应该会给予支持的。为此事我专程到自治区卫生厅向医政处梁远处长汇报，请求特别批准四医院的传染病重症医学科准入，给四医院两至三年的传染病重症医学科建设培育期，我们保证在三年内把四医院的传染病重症医学科建成符合国家卫生部部颁标准的重症医学科。开明的梁远处长爽快地答应了四医院的请求，专门组织专家对四医院的申请进行专题评审。经过评审，四医院很快就获得准入批文。2010年9月15日，四医院的重症医学科开始收治传染病危重症病人。之后，四医院的传染病重症医学科在各级卫生行政部门的关心和支持下，在广西医科大学第一附属医院、自治区人民医院和南宁市第一人民医院等三级甲等综合医院重症医学科主任和专家们的指导和帮助下，在全院上下特别是重症医学科医务人员的努力拼搏下，得到了很好的发展。

一棵幼芽终于长成大树，一个念想终于变成现实。走出第一步，把握时机，在事物未成形之前就开始行动，是多么重要的一件事啊！现在，四医院的传染病重症医学科已有30张床位，并分为两个学科：一个是血液传播性疾病重症医学科（18张床位），一个是呼吸道传播性疾病重症医学科（12张床位）。四医院因此成功地救治了一个又一个传染病危重症患者。重症医学科作为医院的重点学科，培养了一批立志从事传染病重症医学科工作的医学人才，学科的临床、教学、科研能力和学术地位不断提高，在业界的影响力越来越大，为传染病防控事业做出了应有的贡献。

创建广西艾滋病临床治疗中心

随着广西艾滋病疫情的日渐严峻，各级党委和政府逐渐关注并高度重视艾滋病的防治工作。我到四医院后经过调查研究发现，当时的自治区卫生厅自2005年以来就开始计划在广西建立两家自治区级的艾滋病临床治疗中心，规划是“划江而治”“一南一北”，也就是建立两个艾滋病临床治疗大中心，南宁市第四人民医院作为南中心，广西龙潭医院（自治区传染病医院，位于柳州市）为北中心，在5个地级市建立5个小中心，再在各县级医院建立抗病毒治疗点，构建广西艾滋病的临床治疗网。我了解到这一情况之后，马上与医院党政班子成员一起讨论、研究并做出决定：我们要抓住这个良机，早做打算和准备，争取在四医院创建广西第一家自治区级艾滋病临床治疗中心。

当时医院的情况是：业务用房破烂不堪，条件很差，整个医疗环境也不好。在设备方面，诊疗设备陈旧落后，非典时期配发的低端DR机，腰椎片都拍不清楚；还有一台别家医院用了10年的二手日本岛津1排CT，所拍出的CT片模糊不清；有2台黑白超声诊断仪和1台分辨率较低的彩色超声诊断仪；检验科只能做些基础检验，不能做DNA分析，不能做HIV确诊实验；只有一套用于非传染病病人的低端胃镜检查仪，没有可用于HIV患者的胃镜、肠镜、纤支镜，没有病理科，无法为HIV做相应的实验室检查。在学科方面，全院找不到一名有硕士学位的研究生，全院只有一位正高职称专家（但已内退）。而当时的艾滋病科，只有一位高年资副主任医师黄绍标带着6位年轻医生，一位副主任护师杜丽群带着十来位年轻的护士，不少医务人员不愿来艾滋病科工作。甲类传染病病房1楼的一角就是艾滋病科的简易门诊，2楼作为艾滋病科的临时住院病区，只能收治艾滋病内科范畴的病人，基本不能开展艾滋病外科手术。记得我刚到任的2009年春节前，从外院转来一位HIV阳性的股骨、胫骨多段骨折病人，住进医院却无法进行手术，只好采取保守治疗，病人意见很大，且感到十分失望。还有一位HIV阳性的结肠息肉患者在各大医院辗转3年，但都被婉言拒绝，找不到人为他做结肠镜手术。HIV并尿毒症患者没地方做血液透析，只能慢慢等待生命的终结。

作为一名医生、一位医院管理者，看到这种状况备受煎熬。于是我暗暗下定决心，一定要打造一所学科齐全的艾滋病专科医院，使我们有能力收治所有与HIV有关的病人。

2009年3月，全国流行甲型H1N1流感，广西也不例外。我们利用这个机会，争取获得了国家、自治区、南宁市三级财政专项资金共1120万元，紧接着再利用财政贴息贷款2000万元，将这3120万元用于购买急需的医疗设备，之后每年用艾滋病专项经费（500万～1000万元）不断增添医疗设备。我们先后购置了全生化自动分析仪等大型检验设备，1台GE16排CT，1套DSA系统，2台高档彩色超声诊断仪，纤支镜、胸腔镜、腹腔镜、胃镜、肠镜各1套，血透血滤机5台，床边血透血滤机1台，还有病理科相关诊断设备等。

在学科设置上，2009年5月，四医院增设了第二个艾滋病住院病区（艾滋病/结核病双感病区）；2012年8月6日，艾滋病外科病区（感染科三病区）正式独立开科；此外，还设有艾滋病妇产科病区。之后，先后成立重症医学科、血液净化科、放射介入诊疗科以收治艾滋病病人；购买磁共振、DSA、64排CT，在放射科、超声功能科、检验科、内窥镜（胃肠镜、纤支镜）科专设艾滋病科学组；中医科也把中医特色疗法应用到艾滋病的治疗中；加大皮肤科、口腔科、眼科、耳鼻咽喉管科的建设。社区卫生服务中心承担艾滋病的防治宣传和病人的转介工作。医院还争取编制成立了公共卫生管理办公室，专门负责整个医院艾滋病防治的协调工作。把艾滋病学科确定为医院的龙头学科、重点专科，在传染病医院里建一个院中院——实质性艾滋病专科医院，这就是自治区艾滋病临床治疗中心的雏形。

2009年7月，四医院专门聘请一个专业咨询公司为四医院编写了《广西艾滋病临床治疗中心（南宁）的可行性研究报告》，用大量的数据来论证在四医院成立艾滋病临床治疗中心的必要性和紧迫性，此可行性报告得到了市卫生局领导的充分肯定，并引起市委、市政府领导以及自治区卫生厅领导的高度重视。2010年3月21日，在自治区副主席李康、卫生厅厅长李国坚的陪同下，国家卫生部副部长尹力、艾滋病亲善大使彭丽媛老师到四医院慰问医务人员和看望艾滋病病人。借此机会，市卫生局局长汤晓斌及时向尹力副部长等领导汇报了四医院创建广西艾滋病临床治疗中心的设想。2010年5月，由国家发展改革委、财政部、卫生部的相关领导和防艾专家组成的调研小组到广西调研，第一站就到达四医院。当调研小组在自治区相关部门领导的陪同下到四医院调研时，我们及时地呈上《广西艾滋病临床治疗中心（南宁）的可行性研究报告》等相关资料。当时，有一位专家看了资料后就称赞我们是有准备的人。同年7月，三部委调研小组在北京召开专题会议讨论研究，最后同意在四医院建立第一个广西艾滋病临床治疗中心，由国家、自治区、南宁市三级财政共同拨款在四医院建一栋艾滋病门诊住院综合大楼（建筑面积22 000平方米），并将逐年配套艾滋病设备专项经费来支持艾滋病临床治疗中心的建设。2011年4月，自治区卫生厅下文批准四医院增挂“广西艾滋病临床治疗中心（南宁）”的牌子，四医院成为广西第一个自治区级艾滋病临床治疗中心。之后不久，广西龙潭医院增挂“广西艾滋病临床治疗中心（龙潭）”的牌子，真正形成一南一北“艾中心”，分片包干负责（龙潭中心负责柳州、桂林、贺州、梧州、河池、来宾、贵港、玉林8个市，南宁中心负责南宁、百色、崇左、钦州、北海、防城港6个市）艾滋病临床治疗指导工作。可以说，这两个自治区级艾滋病临床治疗中心在广西近10年抗击艾滋病的攻坚工程中具有重要的战略地位，并发挥了主导作用。

艾滋病临床治疗中心成立后，我们的目标确定为：全力打造和建设“中国最好的艾滋病专科医院”（这是原卫生部部长，时任广西性病艾滋病协会会长张文康在2013年到四医院调研时对我们的指示和期待）。打造一个龙头学科，并确立它在广西艾滋病防治中的战略地位和作用，必须有一个完整的实施计划。2011年，我们制订广西艾滋病临床治疗中心（南宁）的实施计划，从业务用房到医疗仪器设备，从学科建设（包括人才培养）到教学、科研，从绩效管理到后勤保证都有一整套的实施细则，也就是从人、财、物等全方位保障“艾中心”，把医院里最好的人才吸引和安排到“艾中心”，力争早日完成张文康老部长交给我们的任务，且真正地在艾滋病防治上做出成绩，为艾滋病患者打造一个属于他们的“安全港”！

小有名气的血液净化科

随着艾滋病病人的不断增多，艾滋病机会性感染病种越来越复杂，四医院门诊和病房时不时碰上一些肝、肾功能严重受损的病人，另外结核病人、肝病（尤其是丙肝）病人中同样有不少肝、肾功能严重受损者，不少患者需要进行血液净化。血液净化是一种特殊的治疗方法，是利用特定的仪器和设备，将患者的血液引出体外，经过一定程序，清除血液中的某些代谢废物或有毒物质，再将血液引回体内的过程。血液净化可以通过血液透析、血液滤过、血液灌流、血浆置换、免疫吸附等方式来进行。综合医院在面对这类需要做血液净化的特殊病人时，他们从感染管理控制的难度方面考虑，往往会找出病人不适合做血液净化的理由来委婉拒绝这类病人做血液净化，这些病人有可能就会失去治疗机会。因此，时不时有这类特殊的病人来四医院询问能不能做血液净化治疗，特别是维持性血液透析。

2010年以前，四医院只有1台血液透析机、1台血浆置换机，并且基本情况是只做血浆置换，不做血液透析。2010年，国家出台了《血液净化标准操作规程》，要开展血液净化业务必须经过卫生医疗机构的准入检查，合格后方能进行。我和相关业务部门分析，感染性疾病的血液净化将面临很大的医疗需求，四医院应该尽快建立感染性疾病血液净化中心，特别是要开展感染性疾病患者长期地维持性血液透析。说干就干，我们立即召开专题会议进行研究，并做了详细的可行性分析，然后向当时的市卫生局和自治区卫生厅医政医管处专项请示，获得同意后，我们在综合门诊三楼搭建临时板房，先以5个血液透析单元（5台血液透析机器）开启四医院感染性疾病病人长期地维持性血液透析，并例行准入验收手续。

有了场地和设备，再从培养专业人才的长远计划考虑。我对相关业务技术人员做了周全的安排，刚开始是2名医生、3名护士，其中包括科主任兰玲鲜（主治医师）、护士长苏春雄（副主任护师）。在后续的几年里，我们开展了各项血液净化工作，成功救治了许多危重感染性疾病病人，合并慢性肾功能衰竭的艾滋病患者、丙肝患者、梅毒患者、肺结核患者等特殊病人能进行长期地维持性血液透析，救治了大量的急慢性传染病患者。2015年，血液净化科从门诊3楼搬到5号楼的6楼，占用整层楼，建筑面积1500平方米。血液净化治疗严格按照医院感染管理规定划分为7个区域，分别为：1区（艾滋病患者专用区）；2区（乙型肝炎患者专用区）；3区（丙型肝炎患者专用区）；4区（非传染病普通患者专用区）；5区、6区（结核病患者专用区）；7区（梅毒患者专用区）。规范的管理可有效地避免和控制交叉感染。设备从开始的5台机器增加到24台机器，维持性血液透析项目从开始的几个病人增加到现在的100多人。四医院率先在全区开展“双重血浆分子吸附术”治疗大量重症肝炎病人，并受邀到广西壮族自治区人民医院、广西中医药大学附属瑞康医院、桂林医学院二附院、南宁市第八医院，以及贺州、钦州、河池、东兴、贵港等地区的多家医院指导推广此项技术。医生由原来的2名增至4名，护士由原来的3名增至9名。现在，兰玲鲜主任晋升为副主任医师，苏春雄护士长也已经晋升为主任护师，她俩都是广西血液净化专业的知名专家，还是广西血液净化治疗质量控制中心委员会的委员。兰玲鲜是广西医学会血液净化治疗学分会第二届委员会常务委员，苏春雄是广西医学会血液净化治疗学分会第二届委员会委员。医院多次承办全国和全区的传染病血液净化主题的学术会议或培训班。

特别值得一提的是苏春雄主任护师，作为血液净化科护士长，还当选南宁市政协委员、广西科技项目评估咨询专家、广西医疗事故专家库成员、广西护理学会第二届肾脏病专业委员会委员、广西血液净化质量控制中心委员、中国研究型医院感染与炎症影像护理专业委员会副主任委员；荣获南宁市三八红旗手、南宁市优秀护士长称号；主持和参与了多项科研课题，如《艾滋病维持性血液透析患者生存期影响因素研究》《多种血液净化联合治疗HIV/AIDS合并急性肾功能损害疗效观察及护理研究》等，项目荣获卫生厅适宜技术推广奖三等奖、南宁市科技进步三等奖、广西护理学会科技进步三等奖；发表论文20余篇，多次在全国的学术会议上做学术成果交流，还被邀请到亚洲学术年会上做学术成果交流。

如今，四医院血液净化科已经在广西的医院和全国的传染病医院中小有名气，口碑也愈见其佳。

选定新的护理部主任

2009年2月，春节后的一天，护理部主任许萱荷到我办公室汇报工作，说南宁市护理学会理事会要在2009年5月改选。因她自己8月将退休了，不能再任理事。按南宁市护理学会规定，理事必须是医院的护理部主任或副主任。因此医院需要尽快选一名护理部主任的接班人（先当副主任，等她退休后再接替她），才可能顶上去当这个理事，以利于医院护理工作的开展。她强调这事比较急了，请医院尽快落实。而我刚到医院两个月，还来不及了解护理队伍的状况和护士长们的情况，更不要说考虑护理部主任的接班人了。我和兰江书记商量后，征求了领导班子成员及人事部门的意见，再经办公会研究，最终决定从当时具有副高职称的7名护士长中推选一名护士长作为护理部副主任候选人。按程序先开全院中层干部会议进行无记名推荐，然后另请护士长们再次进行专门推荐。经统计，两项推荐的结果惊人的相似，约有70%的票推荐结核病科大科护士长韦彩云。此时，韦彩云是何许人也，我还对不上号呢。第二天上午，人事科长告诉我，韦彩云表示不愿意接护理部主任这个班，不肯当这个护理部副主任。听到人事科长这样说，我很纳闷：竟然有人不愿意当护理部主任。也许是对我这个新院长还不了解、不信任吧，或者想试探我的诚意？我叫人事科长通知韦彩云到我的办公室来谈话。不一会儿，人事科长就把她带到了我的办公室。这是一位端庄秀丽的中年妇女，身高1.6米左右，从她的表情看不出她有什么紧张的地方，而是胸有成竹的样子。我心里一亮，这应该就是我要寻找的护理部主任人选。她进来落座后，我问她为什么不愿当护理部副主任，她回答说自己能力有限，当不好会对不起领导，请我不要再劝她。我好说歹说都没有用，只好结束谈话。我请兰书记再和她谈，同样没有效果。第二天，在院党委会上，有人提出："既然韦彩云不愿意做护理部主任接班人，就不用她嘛，我们又不是没有其他人选了。"我说："另选别人当然也可以，但我们先要弄清楚，护理部主任应该是护士所追求的位置啊，这么多人都推荐她，说明她是很优秀的，但她为什么不愿做呢？"我接着强调："护理部主任人选很重要，请不要着急做决定，让我再花点时间去解开这个谜。"

之后，我多次找韦彩云进行谈话，了解她的思想动态，耐心地进行开导，表明党委和我本人的态度，肯定她的能力，给予她信任。也许是我的真诚感动了她，她终于答应试着出任护理部副主任。2009年5月到10月的甲型H1N1流感疫情让韦彩云经受了重大考验，当许萱荷主任退休时，她已经能扛起护理队伍的大旗。令我感动的是，她为做好表率，当护理部副主任之后，已经44岁的她还去提升学历，参加护理自学考试，取得了本科学历，并于2011年顺利晋升主任护师，这也是四医院护理专业中首个主任护师之一（当年四医院有2名护理专业人员同时晋升主任护师）。在她的影响下，护理队伍自觉提升学历，做科研、写论文、努力晋升职称蔚然成风。原来四医院只有7个护理副高，没有一个护理正高职称，现在正高有5名、副高有40多名。四医院的护理水平在广西护理界甚至国内传染病护理界声名鹊起。四医院的传染病护理成为南宁市特色专科，是广西预防医学会感染性疾病护理分会主任委员单位、中国医院协会传染病医院分会护理学组副组长单位，是国家艾滋病护理培训基地。近5年来，四医院举办多期全国和广西的传染病护理继续教育项目。护理之花结硕果，特别是艾滋病科护士长杜丽群荣获南丁格尔奖章、白求恩奖章，当选党的十九大代表，获得新中国最美奋斗者等荣誉称号，享誉国内外。所有这些都与韦彩云主任的带领，与她所付出的努力是分不开的。

我很高兴，因为我为医院选定了一位优秀能干的护理部主任和传染病护理学的学科带头人。

引入超声介入诊疗

我刚到四医院任职时，医院各类人才奇缺，全院只有30多名副高职称的医务人员，都在临床科室，且没有一名硕士研究生。而重要的医技科室（超声功能科与放射科、检验科）连一个副高职称的都没有。因此，我与人事部门和业务部门商量，要想尽办法全力引进人才，临床科室以正高职称、副高职称为目标，医技科室以副高职称为目标。不久，我就得到消息，在广东省东莞一家三甲综合医院工作的两位广西籍医生（肝病科主任医师覃亚勤、超声科主任医师农恒荣）有意向回南宁工作。我立即和人事科的负责人去东莞找到这两位专家，游说他俩回广西，到我们医院工作。现在，覃亚勤是四医院的业务副院长，农恒荣是四医院超声介入诊疗科的主任。

到了东莞，与农恒荣接触后，我了解到他是原南宁地区卫校中专医士班毕业的，曾在南宁一家综合三甲医院工作，在北京某三甲医院进修学习了超声介入诊疗技术，后来去了东莞市中医院，在那里晋升了正高职称。我在想，一个中专毕业生能在广东获得正高职称，技术水平一定差不到哪里去。另外，他人很热情、真诚、开朗、健谈，一定是一个能做事的好专家。后来事实证明，他的确有一技之长，拓展了超声科的业务范围，开展了艾滋病和结核病的超声介入诊疗，特别是艾滋病超声诊疗，是要冒着职业暴露危险的，若没有点担当，没有点牺牲和奉献精神是不可能去做这样危险的事情的。农恒荣主任所开展的艾滋病和结核病的超声介入诊疗也填补了广西乃至国内的技术空白，可以说是屡屡建功，得到国内同行的高度认可。

2012年6月，四医院第一例艾滋病超声介入术获得成功——为一个70多岁的重度心包积液艾滋病男性患者做了超声引导经皮穿刺心包积液引流术。

2013年1月，超声影像科完成了四医院首例腹膜后肿物超声介入诊疗术，穿刺获得圆满成功。这是一个艾滋病男性患者，70岁，因发现腹部不明原因肿物到四医院诊治，超声影像科B超检查发现：该肿物属腹膜后实性包块，约9厘米×8厘米，位居胰体后下方，腹主动脉与下腔静脉之间。由于腹膜后肿物位置深，前有胃肠道，后有腰椎，周围更有重要大血管包绕，历来被视为介入穿刺的“雷区”。穿刺术前，农恒荣主任和外科李志强主任、感染三科邓建宁主任联合会诊讨论，拟订穿刺方案和各种应急措施，并由农恒荣主任对该腹膜后肿物行超声引导穿刺活检术。术中顺利，历时30分钟，患者一直处于清醒状态配合穿刺，术后恢复良好，患者无腹痛和腹腔大出血表现，静卧一天后即能自行下床活动。穿刺取出的标本符合病理检查要求，三天后即做出明确的病理诊断，使患者得到及时地诊疗。

一个6岁的艾滋病患者左肺病变紧邻心脏左侧缘，经过医护人员的艰苦努力，成功完成了超声介入穿刺术。

一个42岁的艾滋病患者全身皮下有多个大小不等的包块（最大的如成人拳头大），在外院诊断不明、疗效不佳而来四医院求治，经过超声介入穿刺活检病理，明确诊断为弥漫大B细胞淋巴瘤，最终这位患者获得及时精准的治疗。

2015年10月15日至18日，第十二届AIDS国际会议暨第十届亚太卫生组织病毒学会议（APCMV）在台北市召开，来自全球的500多名从事AIDS防治工作的医学专家参加了本次盛会。农恒荣受特邀参会，并在会上做了题为《AIDS相关疾病的诊断利器——超声介入穿刺活检》的学术交流。

可以这样说，这几年的超声介入诊疗在四医院的传染病诊疗中是不可或缺的，特别是在艾滋病和结核病的诊疗中发挥了重要作用。农恒荣厥功甚伟。

异军突起的病理科

医者都知道，病理诊断是诊断疾病的“金标准”，病理医生是医生的军师，病理科是三级医院必不可少的重要科室。病理学科的主要任务是在医疗过程中承担病理诊断工作，包括通过活体组织检查、脱落细胞和细针穿刺细胞学检查以及尸体剖检，为临床提供明确的病理诊断，确定疾病的性质，查明死亡原因。因为病理诊断报告不是影像学的描述，而是明确的疾病名称，临床医师主要根据病理报告决定治疗原则、估计预后以及解释临床症状和明确死亡原因。病理诊断的这种权威性决定了它在所有诊断手段中的核心作用，因此病理诊断的质量对相关科室甚至对医院整体的医疗质量起到重要作用。

然而，2008年底我到南宁市第四人民医院任职时，发现我们这个传染病专科医院的病理科一直没能开展什么业务。我问业务副院长：“为什么这么重要的病理科业务没有开展起来？”他回答说：“不是没有开展，而是根本开展不起来。没有人愿意从事病理科的工作，之前先后也培养了几个人，却培养一个就走一个，没办法啊。”我深入了解到，病理科没有业务没有人，主要原因还是医院领导不够重视。当时，病理科设在医院门诊楼二楼检验科东北面门诊部的楼顶上两间小而黑暗的房间里，设备只有一台手磨刀的切片机、一台长满铁锈的脱水机和一台陈旧的显微镜。切片机、脱水机和易燃易爆化学品及活检标本全部堆积在一间几平方米的房间里，另一间更小的房间用来摆放显微镜，绕墙壁砌了一个实验台，台上摆满制作好的蜡块、玻片及病理申请单，环境简陋得难以言说。病理科只有一个兼职的医生，由他包揽取材、制片切片、阅片和发报告等整个病理诊断工作。仪器陈旧，切片技术跟不上，制作出来的病理切片有时无法下诊断，必须拿到其他医院病理科找专家会诊阅片。有时因切片质量太差，连专家们也无法下明确诊断。加上以内科系统为主要业务的传染病医院因理念问题，临床对病理科的依赖不大，而部分外科医生甚至没有肿块必须送检的意识，用肉眼代替病理活检，辨别判定肿块的良性或恶性。因此，当时的病理科可谓是“名存实亡”。

我认为，要把四医院建设成为“立足首府、服务广西、面向东南亚，紧跟‘一带一路’，国内一流的现代化三级甲等传染病医院”，建设一个名副其实的病理科是迫在眉睫和至关重要的事情。

要建设好病理科，需要具备的，一是人才，二是设备，三是激励机制。2010年，我找到输血科的牟敏红，动员她从事病理工作。我给她分析了四医院病理科的发展宏图和重大意义，要她牵头把病理科搞起来，为四医院的发展做贡献。

有了“领头羊”，工作迅速有了进展。我们开始重组科室人员，申请更新病理科设备，构思谋划打造全新的病理科，从医院领导层面开始高度重视病理科，从人才和物力上保证病理科的建设和发展。2011年，病理科从原来的两间小房间搬迁到了宽广明亮的5号楼3楼，科室总面积约500平方米，规正整洁，分区合理，拥有接诊室、取材室、常规技术切片室、细胞制片室、免疫组化室、诊断室等十多间房间，从此病理科有了优美舒适的工作环境；接着又增添了一大批先进设备，包括全自动生物组织脱水机、德国Leica RM2235石蜡切片机、德国Leica CM1860冷冻切片机和德国蔡司Axio Scope.A1、日本产奥林巴斯（OLYMPUS）高级显微镜、摊烤片机、包埋机、冰箱、温箱、电脑及显微摄像病理图文系统等设备。通过几年的发展，病理科人才队伍迅速壮大，如今病理科有诊断医师5名、副主任医师1名、主治医师2名、住院医师1名、外聘主任医师1名，其中两名医生为硕士研究生学历，此外还配有专职实验技术人员。

医院对病理科的大力投入，为病理科的稳步发展提供了有力保障。现在四医院的病理科已能完全独立担负起全院的病理活检、细胞学诊断，能自己制片和诊断；有一套完整的诊断系统，可以对内、外、妇、产、儿、耳鼻喉、皮肤科等各临床科室的各种疾病进行病理诊断和病因分析，并能完全独立地做出明确诊断。由于业务技术的突飞猛进，病理科迈上了一个新台阶。经过10年左右的励精图治，病理科拥有了一支异军突起、技术过硬的病理学科团队！

四医院的病理科从“无”到有，从弱到强，从默默无闻到名闻广西，犹如为四医院迈向全国传染病医院先进行列插上飞翔的翅膀。病理科的发展也是四医院实现宏伟蓝图的一个辉煌篇章。病理科的异军突起和茁壮成长是四医院迅猛发展的一个缩影，为后来四医院成功创建三甲医院做出了应有的贡献。

成功救治重症手足口病患儿

2011年7月初的一天上午，四医院医务科接到市卫生局通知，要从上林县人民医院转诊一个重症手足口病的患儿到四医院进一步救治，要我们做好充分的准备。接到通知后，医务科马上组织医院手足口病抢救小组的相关专家就地待命，护理部马上抽调有经验的资深护士组成护理抢救小组等候。

下午1点左右，随着一阵急促的救护车鸣笛声，一个不满一周岁的重症手足口病患儿被送到四医院手足口病专用病房。他的症状有高热、精神差、嗜睡、惊跳、心率呼吸增快，是一个典型的重症手足口病患儿。儿科立刻展开一系列急救措施，包括输液、给氧、使用脱水剂等。经过这些处理，患儿的病情仍在恶化。我指示医务科把患儿转到重症医学科继续抢救，并立即组织全院大会诊，同时紧急请求广西医科大学第一附属医院儿科韦丹主任到现场指导救治工作。抢救小组给患儿行气管插管及呼吸机辅助呼吸，这是四医院首例危重症手足口病行气管插管及呼吸机辅助呼吸治疗，大家都不敢懈怠。儿科宋晓玲主任和重症医学科林艳荣主任率领儿科和重症医学科的医师们坚守了7天7夜，患儿病情逐渐向好的方向发展——脱离危险，转危为安，并且终于可以脱离呼吸机了。不久后，患儿痊愈出院。我们随访一年多，没有任何并发症和后遗症。

在患儿抢救期间，医院领导高度重视，业务副院长任重症手足口病患儿抢救小组组长，我和兰江书记每日都到病房过问患儿病情。当我和兰书记了解到这个患儿是个身份特殊的小孩时，我们的内心无法平静。他是一名弃婴，由其单身的养父独自抚养，来自一个非常贫困的农村家庭。我俩商量决定，一定要有所行动。于是，医院党委做出决定，召开专门的会议号召全院职工为这个贫困患儿捐款。当我代表全院职工把全院职工捐赠的善款交到患儿父亲手上时，这位老实巴交的农民手足无措，感动得热泪盈眶，连声感谢。其实，捐款活动在感动病人家属的同时，也感动了我们医务人员自己。人间的真情是最能打动人的，也最能唤醒我们身上更多的爱和同情。

我们通过成功抢救这个手足口病患儿，发动全院职工为患儿捐款，再次谱写了四医院的大爱篇章，诠释了四医院人“为生命站岗”的医者仁心，这次善行也转化成四医院人的精神财富。

生命只有一次，我们共同努力

2012年8月，四医院刚刚购进一台床旁血透机，9月初，艾滋病科一病区就收治了一名37岁艾滋病肺部严重感染合并肝功能衰竭和肾功能衰竭的男子。按我们既往的临床经验判断，这是一个九死一生难以救治的危重病人，虽然病人如此年轻，但结局不容乐观。刚刚进院时，科主任和主管医生就把病情告知了病人的家属，给病人家属下达了病危通知书，其家属向医生表达了不惜一切代价全力救治的决心。因为这个病人原是个做大生意的商人，家里经济状况还是很好的。我到艾滋病科一病区查房时，黄绍标主任及时向我汇报了病人的情况，我说："既然病人家属有如此决心，我们就应该全力抢救。"并建议立即请广西医科大学第一附属医院（以下简称"医科大"）的相关专家会诊，以排除其他情况，再制订下一步的治疗方案。会诊那天，病人家属把家族里的10多个亲戚也叫来了。来会诊的3位医科大专家查看病历后，在讨论病情时都明确表示，没有见过如此严重并多脏器衰竭的艾滋病病人，几乎没有什么救治价值了。专家讨论病情时，病人的亲戚就在门外听着。专家会诊后，病人家属立即找到黄绍标

主任，表示要放弃治疗回家。黄主任说："应该继续救治的啊！"病人家属和亲戚都说着同样的话："医科大的专家都说救治不了啦，难道你们比医科大的专家还厉害？"无论怎样劝说，病人家属还是坚持放弃救治。黄主任向我报告了这个情况，我指示黄主任再次去和病人家属谈话，并告知他按我的建议去谈，也就是告诉病人家属和亲戚们："医科大很厉害，但治疗艾滋病病人，我们医院有经验。艾滋病是我们医院专科专治，以往比这个病人病情还要严重的病人我们也有救治成功的先例，请你们给我们7～10天的继续救治时间，到那时不行，你们再带他回去也不迟。生命只有一次，我们一起珍惜，一起共同努力，希望生命的奇迹在他身上发生。"黄主任按我的建议去和病人家属谈，终于说服了他们，让病人留下继续救治。黄主任及时组织院内相关医疗和护理专家研究治疗和护理方案，在抗感染和综合支持疗法的基础上，给病人进行多次血浆灌流（治疗肝衰竭）和连续床旁血液透析（治疗肾衰竭）。一周后，病人症状减轻，肺部感染被控制了。三周后，肝衰竭和肾衰竭明显好转，各项指标奇迹般地接近正常指标。一个多月后病人康复出院了，这真是不可思议的结果。

病人家属对我说："我们家属自己都要放弃了，是你们的坚持才挽救了他的生命啊！真不知道怎么感谢你们！"这个病人出院后坚持规范抗病毒治疗，每年都来医院定期检查身体。他告诉我，他身体一直很好，现在仍在经商，生意很好。

抗击埃博拉，我们准备好了

2014年11月中旬的一天，四医院医务科接到南宁市应急办通知，由西非某国飞往南宁的航班上发现一名旅客有发热、头痛症状，到达南宁吴圩机场后，市疾病预防控制中心的检疫医生马上对这位旅客进行医学排查：患者腋下体温39℃，伴有头痛、咽痛、轻度咳嗽等症状。患者发病前三周内先后到过几内亚、利比里亚等国家，接触过一些埃博拉出血热发热病人。经流行病学调查和医学排查，初步诊断不能排除埃博拉出血热，将由南宁市120急救中心的负压救护车将这位发热者从南宁机场直接转送四医院进行进一步医学观察！

埃博拉病毒（Ebola virus）又译作伊波拉病毒，是一种十分罕见的病毒，也是一个用来称呼一群属于纤维病毒科埃博拉病毒属下数种病毒的通用术语。1976年在苏丹南部和刚果（金）的埃博拉河地区发现它的存在后，医学界广泛关注，“埃博拉”由此而得名。这是一种能引起人类和灵长类动物产生埃博拉出血热的烈性传染病病毒，有很高的死亡率，在50%～90%之间，致死原因主要为中风、心肌梗死、低血容量休克或多发性器官衰竭。

自2014年2月起，西非（几内亚、利比里亚、尼日利亚、塞拉利昂等国）开始暴发大规模埃博拉病毒疫情。世界卫生组织通报，自2014年3月几内亚发生埃博拉出血热疫情以来，埃博拉出血热感染和病死人数快速增加，截至2014年8月20日，几内亚、利比里亚、尼日利亚和塞拉利昂累计报告2615例临床病例，其中死亡1427例，病死率高达54.5%，特别是医务人员死亡占相当大的比例。埃博拉出血热在西非4国的暴发流行受到国际广泛关注，各国纷纷采取防控措施，预防埃博拉出血热的跨境传播。

四医院作为自治区及南宁市的埃博拉出血热疑似和确诊病例定点收治医院，于2014年10月23日下午举行了抗击埃博拉誓师大会，并再次进行应急演练。同时做好人员、物资及技术准备，随时准备接收病人。

自从西非出现埃博拉出血热疫情以来，四医院已经多次举行针对埃博拉出血热疫情的应急演练。按照演练要求，每次在接到运送“埃博拉病人”的电话后，四医院立即启动应急预案，医务人员迅速穿戴好防护装备，等待救护车到达。负压救护车开到感染性病房前，医务人员便用负压担架将“病人”抬出，送进负压病房。整个过程中，“病人”都处于负压环境中。通过特殊设备制造出来的负压环境，可以让“病人”所处的环境气压低于外界，这样能防止传染性物质向外界扩散。演练中，接诊、隔离、疫情报告、转运、个人防护等环节衔接紧密。

由于南宁市（以上林县为主）有大量农民工在西非务工，2015年春节前预计将有大量务工人员返乡，这样极有可能出现埃博拉病毒携带者或处于发病前期的病人。2014年2月埃博拉疫情暴发以后，截至2014年10月底，南宁市共有从疫区入境人员22名，包括留学生、务工和经商等人员，对这些人员进行严密的健康监测，3周后没有问题才解除观察。2015年春节务工人员返乡潮将是对广西严防埃博拉出血热疫情传入最严峻的考验。

因此，南宁市采取强有力的防范措施，以县为单位，着手摸清从非洲返乡务工人员的基础数，一旦有人从疫区返回，村医必须知道，并确认返乡人员的健康状况，指导进行为期21天的健康监测。如果从疫区返回人员出现发热，则立即进入隔离医学观察的程序。

我们一直在警醒：狼来了！狼来了！现在，埃博拉终于要来了。医务科接到指令后，立即通知组织第一应急小组的人员在半小时内到达负压病房生活区集中，这6人小组有医生1名、护士2名、检验科技术人员1名、放射科技术人员1名、保洁人员1名。我、业务副院长、医务科科长、护理部主任、感染管理科科长、专家组的两位专家都在规定的时间到达负压病房生活区集中。业务职能部门再次对大家强调和理顺隔离区的工作规范程序。我则做了战前动员，我强调："进入隔离区的工作人员首先要保证自身的安全，只有自身安全了，才能保证病人的安全。因为对于埃博拉出血热我们有太多的不了解，稍不小心随时可能有职业暴露和生命危险。大家务必小心，小心再小心。"有一位资深护士对我说："请院长放心，我们刚刚经受了甲型H1N1流感和H7N9禽流感的锻炼和考验，已经积累了一些实战经验，还经过'战'前的强化培训，掌握了基本防控方法，我们一定能光荣完成任务，平安胜利归来。"6位同事同时做了一个胜利的手势，面带微笑走进去了。我目送这些穿戴好防护服的医务人员迈进隔离区门口，在他们和我招手说"再见"的那一刻，我控制不住了，眼泪哗哗地流，我心里在嘀咕："这会是生离死别吗？如果那个病人真的是埃博拉出血热，他们都能安全地返回吗？"我内心感到无比恐惧，只是不敢表现出来罢了。

最后，这个病人通过严格的检查，排除了埃博拉出血热，只是重感冒合并肺部感染。警报解除了，我那颗悬着的心总算放下来了。

作为传染病医院，每次遇到重大传染病疫情，四医院都挺身而出，站在最前线，无论是2003年的非典，还是近几年的甲型H1N1流感和H7N9禽流感。传染病医院是医疗卫生战线的特种部队，医务人员则是这支特种部队的特种兵。他们在没有硝烟的战场上抗击各种传染病，冒着职业暴露的风险，冒着生命危险，在坚守，在战斗，在为百姓的生命站岗！他们是一群最可爱的人，全社会都应该敬重他们。

四医院作为一个传染病医院，未来不管是非典还是埃博拉，或是更加来势汹汹的风雨，我们一定会时刻做好准备，坚守到最后。

抢救肝衰竭孕妇

在四医院工作这10年里，我参加并指挥抢救了不少的急难危重患者，有成功，也有失败。有抢救成功后的喜悦，也经历过抢救失败后的沮丧、遗憾。其中，我对2009年1月、2011年9月、2017年3月先后分别成功地抢救了3位病情极其凶险的重型乙型肝炎、严重肝衰的孕妇印象深刻。特别是2017年3月抢救病患小农的经过，更是令我难以忘怀。

2018年2月16日（大年初一）22点11分，在四医院住过院的经全力救治后转危为安的重症肝炎妊娠患者小农给我发了一条微信："2018年春节第一天热热闹闹地就快过去了，我很感激您和第四人民医院的医生护士，是你们对我的全力救治让我能过上新生活，即使我的任性让你们很头疼，你们也没有放弃我，真的谢谢！在此我祝您及全体医护人员在新的一年里身体健康，心想事成，万事如意，吉祥幸福，快乐美满！"大年初一晚上收到这条微信，我感到很幸福，激动得热泪盈眶，因为作为院长的我全程参与了对她的抢救，抢救过程可以说是惊心动魄。我马上把这条微信转到四医院的中层管理群"耕耘四院"里与大家分享。我说："患者小农今天给我发的这一条微信，是作为医务人员在大年初一收到的最好的礼物，这礼物理应让全院职工分享。"小农的微信勾起了我的回忆，2017年3月至7月对小农抢救、治疗，直至她康复的过程仿佛历历在目。

35岁的小农是个幸福的女人，她有一份稳定的工作，有疼爱她的老公和父母，唯一遗憾的是婚后一直不孕，做了两次试管婴儿也没有成功，眼看着到了35岁"高龄"，一家人都很着急。可喜的是，2016年末她终于通过试管婴儿成功怀孕了！一家人高高兴兴期待着宝宝的降生。

可就在她怀孕20周的时候，意想不到的事情出现了，多年与她相安无事的乙肝加重了，她出现了慢性重型乙肝加亚急性肝衰竭、先兆流产的症状，于2017年3月22日紧急来到四医院的肝科住院。入院后，肝科雷任国主任所带领的肝科团队对她进行了有效救治，血液净化科兰玲鲜主任团队又对其进行人工肝治疗，但由于腹中胎儿的存在加重了肝脏的负担，她的病情并没有得到控制。住院一周后，她的肝衰竭病情反而越来越重，而且阴道仍有少量出血。在这种情况下，明智的选择是终止妊娠放弃胎儿，以保住孕妇的生命，否则孕妇及胎儿都将无法存活。经过全院会诊后，决定由我带领覃亚勤副院长、护理部韦彩云主任、肝科雷任国主任、妇产科李英伟主任共同与她的父母和老公进行沟通，讲明利害关系，建议终止妊娠，再由她的家人对她进行劝导，取得她的同意。

但她的这个珍贵胎儿来之不易啊，让她放弃谈何容易？第一次谈话刚刚进行到一半，小农的母亲就全身瘫软几乎晕倒，谈话无法进行下去。又过了两天，小农的病情更加严重，马上就要出现肝昏迷了，我们紧急邀请广西医科大学第一附属医院产科主任唐卉教授前来会诊，她的意见也是要尽快终止妊娠，否则病人很快就会有生命危险。唐主任会诊后亲自与小农的家属沟通，其家属（丈夫和其母亲）同意放弃胎儿，但小农本人坚决不同意终止妊娠，坚决与腹中胎儿共存亡。后来，我和肝科护士长蒙福清、血液净化科护士长苏春雄、血液净化科主任兰玲鲜在给她做血浆置换时轮番做她的思想工作，晓之以理、动之以情。我对她说："留着青山最重要，胎儿没有了，以后还有机会。你想保胎，最后导致大人和胎儿全没有了，那可真的什么也没有了。即使以后没有小孩，但还有爱你的父母和丈夫，活着最重要啊。"最后，我们终于说服了小农，她同意终止妊娠。当晚医护人员就把她从肝科转到了妇产科做术前准备。

但是放弃胎儿说起来容易，真正做起来风险也是极大的。首先，她的重度肝衰竭不适合进行羊膜腔穿刺或者水囊引产，药物的作用或者漫长的产程都可能导致她肝衰竭进一步加重而死亡；而且由于肝衰竭病人凝血功能极差，很容易发生产后大出血，危及生命。经综合分析，能够尽快解决问题的办法就是剖宫取胎术了，虽然术中也可能大出血，但是如果实在无法止血还有切除子宫这个办法。我们在与小农及其家属充分沟通取得他们的同意后，通知相关科室（妇产科、麻醉科、手术室、输血科、检验科等）做好充分的术前准备。

手术当天，我们准备了充足的血浆、红细胞、血小板、冷沉淀及各种止血药物和促进宫缩的药物，全院各个相关科室都做好了紧急应战的准备。我亲自到场督战，手术由妇产科主任李英伟主刀，蒙春莲副主任与其并肩作战，麻醉科手术室覃绍坚主任团队保驾护航，医务科科长兼外科主任邓建宁现场协调，一场困难重重的攻坚战就这样打响了。手术室里鸦雀无声，只能听到手术室护士紧张有序地传递器械的声音，以及心电监护仪发出的提示病人生命体征的嘀嘀声。正如术前预测，因为凝血功能差，术中出血达到了700毫升，输注了冷沉淀14单位，果断地进行了子宫动脉上行支结扎术，才使她的子宫得以保留。随着最后一针缝合完毕，所有人都长长地舒了一口气，经过一个多小时的艰苦作战，小农的手术终于圆满成功。

从ICU转回肝科病房，术后的小农经历了病情反复的艰难康复过程，病情逐渐好转，住院112天后，于2017年7月12日基本康复出院了。

第二年中秋节（2018年9月24日），小农在丈夫和母亲的陪同下给妇产科、肝科送来了蛋糕，并高兴地与医生、护士们拥抱、拍照。她说："谢谢你们，活着真好！"2019年春节期间，我带领肝科、妇产科的主任和护士长，以及几位医生、护士代表带上小农喜欢的蛋糕、水果、鲜花，到她家中看望她，更让她和她的家人感动不已。这真的是一幕和谐的医患一家亲的剪影。

创建三甲传染病医院

我到四医院担任院长的10年（2009—2018年），也是四医院创建三级甲等传染病医院（以下简称“创三甲”）的10年。医院能从三级乙等传染病医院成功晋级为三级甲等传染病医院，是医院辉煌10年的重要标志。回想这10年创三甲的历程，有很多感慨、感悟、感叹!

一个医院要发展，首先要明确战略定位。作为传染病专科医院，我们是在没有硝烟的战场上冒着职业暴露的生命危险在抗击各种传染病。我们大张旗鼓地宣扬我们所从事的崇高和伟大的事业！要把传染病专科作为医院发展的重点，把艾滋病学科作为医院的龙头学科，同时做强做精非传染病的综合学科，发挥其技术支撑作用，提升传染病的救治能力；把争取早日由三级乙等传染病医院晋级为三级甲等传染病医院作为我们的目标；把将医院建设成为立足首府、服务广西、面向东南亚，紧跟“一带一路”，国内一流的现代化三级甲等传染病医院作为我们的愿景。从我十年中在不同时间、不同场合的一些讲话中可以窥见四医院创三甲的艰难历程。

谋划创建三级甲等传染病医院

2009年9月，四医院成为广西医科大学教学医院后，我们开始着手谋划创建三级甲等传染病医院。

在2010年南宁市第四人民医院庆祝广西第五届医师节暨“十佳”医师表彰大会上，我代表医院第一次提出要建成五个区域性中心：一、艾滋病临床治疗中心；二、结核病临床治疗中心；三、肝病临床治疗中心；四、感染性疾病检验中心；五、突发传染病公共卫生医疗救治中心。并正式提出医院的愿景：把四医院建成立足首府、服务广西、面向东南亚，紧跟“一带一路”，国内一流的现代化三级甲等传染病医院。

在南宁市第四人民医院2010年科技工作大会上，我再一次提出创建三甲医院。我在讲话中强调，医院要实现跨越式发展，科技要先行，要高度重视人才培养和学科建设。我提出个人观点：一个医院能治疗多少病种及疑难杂症是这个医院医疗技术水平高低的标志；一个医院有多少专业论文、在哪一级专业杂志上发表，是这个医院学术水平高低的标志；一个医院有多少科研课题、荣获哪一级的科技进步奖和发明创造奖，是这个医院科研水平高低的标志。医疗技术水平、学术水平、科研水平是相辅相成、不可分割的，是一个医院综合实力的反映，是医院的品牌和荣誉所在！只有我们的医疗技术水平、学术水平、科研水平达到一定层次，才能实现南宁市第四人民医院的愿景。

我借用了叶剑英元帅的诗词与大家共勉：“攻城不怕坚，攻书莫畏难。科学有险阻，苦战能过关。”

2010年4月13日，在迎接建院50周年庆典活动动员大会上，我做了工作布置和动员讲话。在讲话中我特别强调：在迎院庆的整个过程中，我们要践行科学发展观，坚持走“大专科小综合”

的道路，围绕艾滋病、结核病、肝病三大传染病做文章，坚持“改革兴院、人才强院、科研立院、文化固院、特色塑院”。提高应对突发公共卫生事件的救治能力，坚决依照医院发展的指导思想统领全院的所有工作。我们要以建院50周年庆祝活动为契机，铸造品牌服务，构建和谐医患关系，打造一流医院，实现四医院跨越式发展。要借院庆这个机遇打造好四医院的六个工程：基本建设工程、环境美化工程、科研攻关工程、服务满意工程、形象宣传工程、文化建设工程，从而实现四医院的愿景。

2011年10月27日上午，在建院50周年庆祝大会上，我做了《继往开来，开拓进取，科学发展，再铸辉煌》的致辞。致辞中再一次强调了我们的工作方向，那就是争取早日把医院建成一所立足首府、服务广西、面向东南亚，紧跟“一带一路”，国内一流的现代化三级甲等传染病医院，为人民的身体健康保驾护航！为南宁市传染病防治事业的发展做出更大的贡献！

以上我的几次讲话都是医院党委谋划和创建三级甲等传染病医院决心的体现。

正式吹响创三甲的号角

2011年9月28日下午，医院召开了创建三级甲等传染病综合医院启动暨动员大会。

2011年11月2日，四医院正式成立“创建三级甲等医院办公室”。

2011年12月3日晚上，四医院召开了“建院50周年庆祝活动总结表彰大会暨创建三级甲等传染病医院动员大会”，正式吹响创三甲的号角！我在大会上做了创建三级甲等传染病医院动员讲话。在2012年3月全院中层干部培训班上，我做了主旨为“打造传染病特色的医院文化，创建三级甲等传染病综合医院”的讲话，对创三甲做了具体的工作布置。

我提醒全院职工：要实现创建三级甲等传染病综合医院的目标，等不来，想不来，关键靠大家干出来。创建工作时间紧、标准高、任务重，对我们来说，这是一次真正的考验，也是历史赋予我们的神圣使命！

2015年9月，在广西医科大学附属南宁市传染病医院的揭牌仪式上，我做了题为《搭上广西医科大学这艘医学航母去实现“四医人”的梦》的讲话。

2017年3月2日，在2016年度教学科技总结表彰大会上，我做了《立足今天，把握明天，启动后天》的讲话：“有人说：如果经济贸易的合作是‘今天’的话，那么科技就是‘明天’，而教育则是‘后天’。医院管理专家告诉我们：作为医院，医疗是‘今天’，科研是‘明天’，教学是‘后天’。我想说，四医院作为发展相对滞后的传染病医院，我们要立足今天，把握明天，启动后天。继续秉承‘为生命站岗’的核心价值观，学习杜丽群精神，改革兴院、人才强院、科研立院、文化固院、特色塑院。打造五个区域性中心：艾滋病临床治疗中心、结核病临床治疗中心、肝病临床治疗中心、感染性疾病检验中心、突发传染病公共卫生医疗救治中心。努力把医院建设成为立足首府、服务广西、面向东南亚，紧跟‘一带一路’，国内一流的现代化三级甲等传染病医院！我们坚信，我们的目标一定能够实现！”

2018年9月17日，在创建三级甲等传染病医院最后冲刺阶段再动员大会上，我做了《齐心协力创三甲　众志成城铸辉煌》的讲话，强调说：“我们从2011年50周年院庆第一次动员启动创建三级甲等传染病医院的工作，一晃7年过去了……2018年9月14日，覃亚勤副院长参加了自治区医疗管理服务指导中心组织召开的《广西壮族自治区三级传染病医院评审标准实施细则》论证工作会议，意味着这次的创三甲工作对我们来说已经箭在弦上，势在必行。”

2019年1月18日上午，当自治区卫生健康委员会麦家志副主任用浑厚的声音宣布“南宁市第四人民医院通过三级甲等传染病医院现场评审”时，四医院的多功能厅顿时掌声雷动，人们欢呼雀跃……四医院几代人的“创甲梦”终于实现了！

2019年3月13日，在成功创建三级甲等医院庆祝大会上我做了《为生命站岗，我们都是追梦人》的讲话，强调了“为生命站岗”的四医院核心价值观，“勇于担当，甘于奉献”的四医院精神，坚持“改革兴院、人才强院、科研立院、文化固院、特色塑院”的办院理念，提出要坚持医院的公益性，以病人为中心，以职工为本，做“最具人文情怀的传染病医院”，一步一个脚印朝着将医院建设成为“立足首府、服务广西、面向东南亚，紧跟‘一带一路’，国内一流的现代化三级甲等传染病医院”的美好愿景前进。

从2009年提出创三级甲等传染病医院目标，到2011年11月正式启动创办工作，从2012年第一次冲刺，2013年、2015年第二次、第二次冲刺，再到2018年下半年的最后冲刺，时间可谓漫长，过程可谓周折，内心可谓煎熬。然而，经历这十年漫漫的创三甲之路，不管是单位还是个人，在艰辛付出之后，获得的成就是多么辉煌与巨大，收获和成长是多么光鲜与亮丽！

艰难的创三甲历程，所有参与的四医院人将永生难忘。

关爱病人 从关怀职工入手

长期以来，四医院都致力于“以人为本”，一切以病人为中心，患者至上。这一理念，体现在医务人员对患者悉心细致的每一点呵护上。医院党委在具体的管理上更是“以临床为中心，以医生为中心”，行政后勤部门将“为临床医技科室服务，为临床一线医务人员服务”作为一切工作的出发点，医院领导为全院职工服务。我在大会小会上反复强调，要想医生护士对病人好，院领导和职能部门一定要对医生护士好。所有的政策制度和相关决定首先要体现在对职工如家人般的温情关怀上。

暑期幼儿托管班

2016年暑假期间，我无意间在微信朋友圈看到北京有几家医院办了暑假期间的幼儿托管班，我就告诉行政副院长和总务科长，2017年我们医院也要开办暑托班，由医院出资，把没人看管的职工的小孩（小学生、幼儿）免费统一管理起来，以解决职工的后顾之忧，让他们能够全身心地投入传染病防治工作中，还能增加职工的获得感及归属感。

2017年暑假的幼儿托管班，我们请了专业的幼教团队，用3号楼的6楼大会议室作为幼托场地。2018年、2019年暑假我们租用邻近医院的幼儿园做幼托场地，管理更便利。

2019年7月15日上午，南宁市第四人民医院第三期职工子女暑期托管班正式开班，有130个职工的孩子报名参加了托管班。暑托班中，100多名孩子按照不同年龄层分班，在多名专业教师的指导下写作业、做手工、参加户外游戏，家长完全不用担心孩子的学习和安全问题。暑托班不收取职工任何费用，所有费用包括学费、伙食费均由医院统一支付。

出台延长女职工哺乳假的规定

2016年1月15日，广西壮族自治区第十二届人民代表大会常务委员会第二十一次会议通过《关于修改〈广西壮族自治区人口和计划生育条例〉的决定》（第二次修正），在国家的法律法规基础上，增加了一些条款。如第五章《奖励与社会保障》中的第二十五条：符合法律、法规规定生育子女的夫妻，除享受国家规定的假期外，女方增加产假五十日，同时给予男方护理假二十五日。休假期间的工资、津贴、补贴和奖金，其工作单位不得扣减。第二十九条：符合法律、法规规定生育子女的夫妻，产假期满后抚育婴儿有困难的，由本人提出申请，经所在单位同意，可享受六个月至十二个月的哺乳假；哺乳假期间，按其工资、津贴、补贴总额的百分之八十核发；享受哺乳假的职工不影响晋级、工资调整和计算工龄。对于第二十五条，所有单位无条件执行了，但第二十九条是针对“产假期满后抚育婴儿有困难的”，须由本人提出申请，还需要经所在单位同意，才可享受六个月至十二个月的哺乳假。据我所知，有的属于财政全额拨款的公务员单位执行了。不是财政全额拨款的企事业单位，由于人力成本太大，尤其是二胎放开之后，哺乳妇女人数剧增。这个似乎对哺乳妇女有利、对单位不利的条款，几乎没有哪个企事业单位敢于实施。面对此情况，我建议医院党委研究如何去执行这一政策，以体现四医院对特殊职工的人文关怀。最后经过职工代表大会制订并推出了女职工哺乳假管理办法：女性职工在休完产假148天后，确实存在抚育婴儿困难的，由本人提出书面申请，经医院同意后，可继续休哺乳假1～7个月至婴儿满1周岁。休哺乳假期间，工资按其岗位工资、薪级工资、浮动工资、10%护龄工资总额的80%进行核发，不影响晋级、工资调整和计算工龄。女职工在休完产假148天后，不再请休哺乳假而返院工作的，医院将发放适当补助以帮助哺育婴儿至1周岁（补助标准为1000元/人·月），以此激起女职工的工作积极性。医院这一政策将148天产假后延至一年的假期，可以说是为哺乳困难的女职工送上“及时雨”。

医院出台了职工慰问办法

为切实做好医院职工的慰问工作，充分体现以人为本的管理理念和人文关怀的良好氛围，进一步调动职工的积极性，增强职工的凝聚力，促进平安医院、和谐医院的建设，四医院专门制订了《南宁市第四人民医院职工慰问办法》并在职工代表大会通过后实施。根据情况变化，每年通过职工代表大会对慰问办法进行修订，增加或删减一些条款，做到与时俱进。包括：一、节日慰问办法；二、职工生日慰问办法；三、符合国家生育政策生育的职工慰问办法；四、对考入大学、重点高中职工子女的慰问、鼓励实施办法；五、对住院治疗的职工（含离退休职工）及在本院住院的在职职工直系亲属的慰问办法；六、对去世的在职职工、离退休职工等的吊唁和亲属慰问办法。

医院以职工为主体，做到精神上鼓励、工作上帮助、事业上支持、生活上保障，让其舒心、顺心、安心地为患者精心服务。这些实实在在的举措增强了职工的认同感、归属感和幸福感，也获得职工的拥护和点赞。如果说“为生命站岗”是南宁市第四人民医院对百姓永恒的承诺，那么“用心、用情、有爱”则是医院职工对病人最温柔的守护。十年来，南宁市第四人民医院对外“以病人为中心”，对内“以员工为主体”，通过实施系统化的人文关怀服务，加快了“独具人文情怀的传染病医院”的建设步伐，推动医院走“又红又专”的传染病医院发展道路。

把研究生班办到四医院来

我刚到四医院任职的2009年，除我之外，这个传染病专科医院只有1名正高职称，他是传染病内科主任医师，但已经办理内部提前退休手续。检验科、放射科、超声功能科等医技科室没有一个副高职称，全院没有一个硕士研究生。全院当时只有38名副高职称、147名中级职称，可见人才匮乏是多么严重。医院条件差，从每年招收新毕业生的情况看，本科生都难招到，更别说硕士研究生了。面对这种情况，我和党委班子成员商量，除了想办法积极引进高级职称人才、硕士研究生，更要主动培养研究生和高级职称人才。我在院办公会上提出鼓励年轻医生报考硕士研究生，医院出资定向培养。另外建议在四医院举办广西医科大学校外在职研究生班，提升学历，提高年轻医务人员的学习积极性。但有个别同志提出反对意见说："之前我们也不是没培养过，只是培养一个走一个，毕业两个走一双，白白浪费医院的经费。"针对个别同志的看法，我特别强调："培养人才要有胸怀和大局观，培养十个走七个，还有三个，走九个也还有一个，不培养永远没有硕士。另外，即使他走了也曾是四医院人，以后有机会他会帮助四医院或帮四医院讲话的，起码不会说四医院的坏话，这是对医院最好的宣传。”

在我的坚持下，最后大家同意了我的建议。之后我和人事、科教部门的科长主动出击，多次造访广西医科大学研究生院领导，申请在四医院举办广西医科大学校外在职研究生班。在大家的努力下，四医院于2010年10月和2013年10月分别举办了两期在职研究生班，挑选各科室医疗业务骨干，利用工作日夜晚和周末、假期等休息时间在院内上课，投入经费80余万元，先后有86名在职研究生毕业；医院定向委培硕士研究生共13人，这些研究生毕业后均留下来为医院服务，大部分已经成为医院的中层干部。举办在职研究生班最重要的作用和最大的好处是为全院医务人员营造一个良好的积极向上的学习氛围。

十年来，医院重新梳理自治区、南宁市人才政策法规，结合医院发展的实际情况建立健全切实可行的人才管理机制，并将其作为引进培养高层次人才的根本动力。为了吸引培养更多高层次人才，医院制订了一系列鼓励办法。比如，医院制订了《人才引进实施方案》《人才建设战略实施方案修订意见》《重点医学人才激励管理办法》《高层次人才引进管理办法》《青年人才培养工程实施办法》五项工作方案，为医院调整结构、引进人才、留住人才、快速发展提供了制度保障。各项制度的推出不仅是为高层次人才提供各方面保障，更体现了对其价值的认可和肯定，让他们可以在这里得到更多的认同感和获得感。截至2018年底，四医院职工有正高职称24名、副高职称135名、中级职称349名、硕士研究生43名。2019年更是有2名职工考上广西医科大学博士研究生，并同意接受医院的定向培养计划，表示三年后学成归来报效四医院，实现了四医院博士研究生零的突破，真是可喜可贺。

为硕士搭建事业平台

2017年3月中旬的一天，人事科科长向我报告，外科医生吴金伟已经向医院提出辞职，并且态度很坚决，科主任和副院长劝说不了他。“怎么？吴金伟要辞职？为什么？他要去哪里？”听到吴金伟要辞职的消息，我是很惊讶的，因为他可是四医院年轻医生中重点培养的对象啊。

吴金伟，1.75米的个头，五官端正，身材壮实，是个标准的大帅哥，2010年7月大学本科毕业后应聘到四医院工作，安排在外科。他参加工作后表现很好，谦虚好学，积极上进，工作时间不长却给领导和同事留下深刻的印象。我觉得这是个好苗子，就叮嘱人事部门和外科主任关注这个年轻人，鼓励他报考硕士研究生，正好医院也刚制订了鼓励员工攻读研究生的制度。2011年，他第一次报考，分数差一点，没有上线；第二年再考，考上了广西医科大学的全日制普通外科专业硕士研究生，医院也专门研究了吴金伟攻读硕士研究生的事宜，决定以定向培养的方式，医院出学费，保留工资，保留编制，并在他去读书前与他签了协议。他是2015年7月毕业的硕士研究生。按协议，他硕士毕业后至少要为医院服务8年，而现在还没到2年呢。我决心要全力挽留这棵外科的好苗子，先找到他辞职的原因再说服他。

2017年3月28日下午，我约吴金伟过来和我谈一谈。他按约定的时间来到我的办公室，一进门就对我说："我知道我对不起医院，对不起院长。我要感谢院长当年收留我，感谢医院的培养。但很抱歉，我的导师、恩师，区内一家三甲大型综合医院的普通外科主任要我加盟他新组建的团队。俗话说，一日为师，终身为父，师命难违。另外，在这家三甲大型综合医院的平台上，我更能施展自己的才华，恳请医院放行，敬请院长理解。当然，虽然我离开四医院，但我永远是四医院人，我成才后一定会尽我所能反哺四医院的。"

听完吴金伟的陈述后，我告诉他："我非常支持并鼓励年轻人追求更高的平台，也支持你去大的三甲综合医院寻求发展。你有这样的想法是无可厚非、无须指责的。但你应该分析一下那个平台是否合适你。你是一个硕士，特别又是外科硕士，在我们医院里你是一个宝贝，我们医院还出台了攻读博士研究生的激励制度，你可以再读博士。另外，你不是对传染病，特别是艾滋病生物标本库感兴趣吗？医院已经决定成立传染病生物标本库，医院党委也研究决定了让你来牵头组建生物标本库。艾滋病外科加传染病生物标本库这两个大平台将给予你无限的发展空间。另外，我认为你的去留对现在四医院的年轻人会有很大的影响，你留下将是正能量的影响力。请你相信我，留下吧，若干年后你将为你今天的抉择感到无比骄傲和自豪。我期待你做出决定。"听了我的劝说，吴金伟说他回去和家人、导师商量后再回复我。过了一个星期，吴金伟给我回复，他说谢谢我的开导和劝说，他的家人、他的导师都支持他继续留在四医院工作。

没多久，医院下文，任命吴金伟为医院生物标本库负责人，接着派他到解放军第三〇二医院学习生物标本库的管理。他回来之后就筹建了四医院的生物标本库，并很快就正式运行起来了。之后他作为“北部湾经济区优秀中青年专业技术人才培养工程”2018年度访问研修人选，被派到武汉大学进行为期近一年（2018年10月至2019年6月）的学习。学习回来后，吴金伟告诉我，在我们医院工作，真正感受到了医院党委对人才的高度重视和对年轻医生的关爱。

吴金伟学习回来后，在总结中这样写道：

为期一年的访学研修即将结束，诚挚感谢自治区党委组织部、南宁市党委组织部、南宁市第四人民医院党委给予难得的学习机会。

……

在今后的学习和工作中，本人将秉承持之以恒的作风，坚持学习，不断提高自身能力及素质，并将所学应用于临床、教学、科研及防治艾滋病事业中；保持高尚的医德医风，将自己在武大学习期间所见所闻、学习理念及研究思路分享到同事当中，继续坚持“为生命站岗”的核心价值观，为广西艾滋病外科的医疗卫生事业发展贡献自己的力量。

看了他写的3000多字的学习总结，我释然了，也放心了。我想，只要肯给年轻人一个平台，给他多点机会，他很快就会成熟的，也一定会坚持下来。

驱车贵港，只为挽留一名年轻医生

2017年5月12日，正好是国际护士节，上午我在办公室批阅文件，人事科甄副科长送来一份职工辞职报告，并汇报说："这是2015年7月招聘的新员工，叫覃欢，是一名内科医生，辞职的原因是母亲患病需要他回去照顾。父亲告诉他，他是长子（还有个妹妹准备考大学），必须回来尽孝，他打算辞职后回到家乡贵港市覃塘区的医院工作，这样可以边工作边照顾母亲。经科主任、医务科科长、人事科科长、分管副院长分别极力劝说挽留他都没有效果，只好层层签字同意其辞职。现在只等您签字，再过医院办公会就可放行了。"看着我那么认真地阅读辞职报告，迟迟没有下笔签字，甄副科长就告诉我："医务科科长和分管院长都说了，这位医生辞职的态度很坚决，不可能再说服他了。分管领导还说了，不就是一个年轻的医生嘛，走就走呗，还愁没有人来？"但我为什么在犹豫而不签字呢？因为在我手上的这份辞职报告是用钢笔手写的，不像其他人的辞职报告是打印的，可以说这是我近年来在医院的年轻人当中极少见到的漂亮的钢笔字。俗话说，见字如见人。我想，这个年轻医生的钢笔字写得如此漂亮，其他事也一定做得很棒。我问了近两年他所轮转科室的主任和护士长，了解他的情况，个个都夸奖这个叫覃欢的年轻医生。这么优秀的人才我们不能放弃，我要再争取、再努力，劝他留下。我约了覃欢医生下午到我的办公室谈谈，下午3点他准时赴约。他一进门，我的眼前一亮，这个小伙子1.7米的个头，有点腼腆，但帅气阳光。他先向我鞠躬致意，我让他坐下后他才轻轻落座，很讲礼貌。他当然知道我要和他谈什么，但他说他没想到我一个堂堂的大院长会找他这样刚毕业的小医生谈话，心里有点忐忑不安。我反复说了很多让他留下来的理由、留下来的好处，以及答应与他共同想办法解决他母亲的问题。他还是说，他必须辞职，父命难违。我说："好吧，我理解你的苦衷，更赞赏你的孝心。如果你不介意，明天是周六，休息日，我想去贵港市覃塘区，到你家里拜访你的父母。"他说他要给父亲打个电话后才能定。他离开我办公室半小时后就给我回了电话，说他父母很欢迎我到他们家做客。

5月13日，周六，休息日，我邀请老家也在贵港市的本院检验科主任罗晓璐，还有血液净化科护士长苏春雄，陪同我前往贵港市覃塘区，去覃欢医生家家访。我们上午9点多出发，中午12点半到达。覃欢的家就在覃塘区街上，他家在正街的街道上建了一栋三层楼房，每层100多平方米，宽敞明亮，家里家具摆放整齐，一看就是个殷实的人家。覃欢的父母亲都刚50岁出头。他父亲是个生意人，还是蛮会说话的。他首先感谢我们在百忙之中造访，他说他知道当院长的都很忙，覃塘区医院这样的小医院院长都很忙，何况像我这样的大医院院长。他说他也知道我为什么造访他的家。我说："这次来访，首先感谢你们为国家培养了这么优秀的人才并在四医院工作，我认为覃欢很有潜力，稍加磨炼会成为一名好医生。如果他能够坚持在四医院继续工作，将来会比在覃塘区医院工作发挥更大的作用，同时对父母、对家族作用更大。另外，我们可以想别的办法来解决他母亲的陪护问题，我还可以把我在四医院的临时住房（我中午休息时用的一房一厅）让给覃欢，他可以把母亲带到南宁，这样也方便找医科大学的专家教授诊治他母亲，边治疗边康复，完全康复后再回覃塘。”我反复地强调让覃欢留在四医院工作的前景和好处。但他父亲依然没有松口，坚持要覃欢辞职回覃塘区医院工作。我说：“我们尊重他的决定，但我们会永远把覃欢当作四医院的人。今后你家有什么困难需要帮助的，尽管找我们，不用客气。”之后我们就与覃欢父亲握手道别，上车返回南宁了。

在回南宁的路上，罗晓璐主任和苏春雄护士长都和我说，辛苦院长白白跑一趟了。我和他俩说：“我相信我们回到南宁前，覃欢一定会给我打电话，说他父亲改变主意了，让他继续留在四医院。”他俩都说不可能，覃欢父亲的态度那么坚决。我说：“不信可以打个赌，谁输谁晚餐请客……”他俩说院长必输。没想到，车还没过横县，覃欢就来电话了。我打开免提接听，覃欢说，他父亲改变主意了，同意他继续留在四医院工作，还特别叮嘱他，跟着吴院长好好干。我放下电话，他俩都说太不可思议了。我说：“人心肉长，心诚则灵。”之后，院长为挽留一名年轻医生亲赴贵港家访的事在四医院成为一时的美谈，特别是在年轻医生当中引起强烈的反响。

月是中秋圆，情是四院浓

2019年9月13日，6点半我就早早起床了。这天是中秋节，按规定是放假的，但我早就和其他院领导、职能部门领导约好了一起去慰问中秋节坚守岗位的同事和住院的病人。

我在四医院当院长11个年头了，每年的大年初一和中秋节，我和院领导都要去慰问那些在节日里还坚守岗位的医务人员和住院的病人，送上节日的祝福，送上慰问品。

这天我们约定上午8点半在5号楼大厅集合，我和兰江书记最先到达。我对兰书记说："您当书记15年，我当院长11年，包括这次中秋节慰问，我们一起去慰问已有11次，今年应该是我俩以书记和院长身份进行的最后一次中秋节慰问了。"这样说着，我俩心里都不免有点伤感，但更多的是骄傲和欣慰。中秋节和春节期间的住院病人人数一年比一年多，2008年、2009年还是几十个病人，这两三年都在500人左右，春节期间最少的时候也不低于400人。每一次节日慰问，我看到绝大部分科主任和护士长都在坚守岗位，或加班或顶班。坚守岗位的职工见到院领导来慰问都非常高兴，很多职工都说："看到医院领导在节假日来慰问我

们一线职工，心里很高兴，再苦再累也算不上什么了。”

今年中秋节的慰问品也和往年一样，每份两个月饼一个苹果，寄寓着甜甜蜜蜜、团团圆圆、平平安安的祝福。

8点半到了，大家也到齐了，慰问开始。我们一个科室一个科室地慰问，先慰问上班的职工，然后每一个科室代表性地慰问一两个病人，其他病人由科主任和护士长代表医院去慰问。慰问职工时我会说：“祝大家中秋节快乐，你们在节日里坚守岗位，辛苦了！向你们致敬！祝大家健康、平安、快乐！”而送慰问品给病人时则会说：“祝你中秋节快乐，这两个月饼代表甜甜蜜蜜、团团圆圆，这个苹果代表平平安安、顺顺利利。祝你早日康复！”在中医科的康复理疗科室，有两位正在做治疗的病人在接受我们的祝福后，激动地说：“没想到四医院这么温馨，医务人员这么周到！”在血液净化科，我慰问一位正做血液透析的女病人，她接受慰问品时热泪盈眶，连声致谢。

到了晚上9点多，我又到各个病区转了一下。在中医科，我问一个病人：“您出去看月亮了吗？”他回答我：“不用看也知道中秋月更圆，但我觉得，四院情更浓！”哈哈，这个病人还真有点意思，但更有意思的在后面呢。在内科病区，一位60多岁的老先生跟我说：“在你们医院住院，医生护士很周到，管理也到位，人文关怀没得说，中秋节还发慰问品，很温馨。谢谢你们。”他还赋诗两首赞美四医院，请我帮他登到我们医院的院报上。

看到职工在节日里坚守岗位，并且精神面貌极佳，我们的工作得到病人及其家属的肯定和赞誉，作为院长，我感到非常欣慰，觉得所有的付出都是值得的。

战『疫』期间，感人的故事持续上演

2020年1月22日，四医院举行全院抗击新冠肺炎誓师大会，第二天又召开全体中层和支部书记会议，成立了隔离病区临时党支部。当天，各党支部、各科室及许多党员个人纷纷向党委递交请战书，表达了上战“疫”第一线的决心。

1月24日23时，自治区启动应对疫情Ⅰ级响应。得知这个消息，四医院很多原计划回家过年的同事纷纷退票，部分同事回到半路又返回南宁，已经回到老家的也马上返回。感人的故事持续上演……

一辈子没当过逃兵，这次也不会离开

护理部主任韦彩云2020年最大的期待是成为外婆。她原本计划春节放假期间去浙江杭州和女儿过年的。女儿30岁了，刚刚怀有身孕，特别希望有护理经验的母亲能够陪伴自己度过适应期。1月21日，韦彩云了解到疫情的复杂性，经过一番考虑，她决定放弃休假，坚守岗位，并取消了和女儿过年的计划。

“作为护理部主任，必须留下。”2003年，韦彩云就参加过非典防治工作，两名非典病人在她的照护下康复出院。

如今已57岁的她，又一次挑起重任，指导全院近400名护士进行规范操作和护理。她的女儿也理解母亲的决定："作为一个前线指挥官，她不能后退。否则她的兵怎么能勇敢？"最终，女儿为韦彩云办理了飞机票退票手续。

疫情爆发以来，韦彩云一直在防控一线，每天工作十几个小时。她奔波于分诊台、发热门诊、病房等场所，从制订规范的处置方案到指导年轻护士进行具体操作，对每一个环节都严格把关，生怕漏掉哪些细节。

"不是觉得自己高尚，只是觉得作为医护人员，在这个国家和人民需要的时候，不能离开。我一辈子没当过逃兵。这一次也不会离开。" 韦彩云说，"我在护理岗位工作了几十年，也经历了很多次疫情。我相信这次也和过去一样，只要我们团结在一起，一定能够打赢这场战役。"

抗疫中回不去的"家"

2020年2月11日，这是ICU护士黄雪梅连续坚守在工作岗位上的第20天。因工作需要，ICU护士长已抽调至隔离病区，黄雪梅便主动扛起了管理科室护理工作的重担。晚上，她接到了陆川老家打来的电话，告知她父亲因病不幸去世的消息。坚强的她没有和同事透露，更没有请假，强忍着悲痛毅然坚守在岗位上。护士长隐约听说了黄雪梅的情况，马上打电话安慰，并表示会帮她向护理部请假，让她返回陆川老家送送父亲。深夜10点多，她主动拨通了护理部主任韦彩云的电话："我不回家，我还能坚持，请让我留在岗位上！"我闻讯和护理部主任韦彩云赶到科室看望黄雪梅，见到了双眼红肿的她。在我们的面前，她的眼泪再也止不住。

2019年6月，黄雪梅的父亲就在四医院住院，诊断为晚期肝癌，已经无法手术了。她当时正忙于协助呼吸与危重症医学科开科的筹备工作，每天下班后只能匆匆赶到病房看望父亲一眼。虽然身为护理人员，但她连照顾父亲的时间都很紧张。父母很理解她的工作，经常宽慰她："好好工作，不用担心我们。"之后她的父亲就出院回老家养病了。

早在春节前，黄雪梅就已接到父亲病重的消息，她原本打算利用春节假期带爱人和孩子回老家好好陪陪父母，尽一尽孝道。医院召开誓师大会后，责任心很重的她就做好了春节期间坚守岗位的准备。她本以为可以过后再好好弥补，可"子欲养而亲不待"，还没等到疫情结束，已传来了父亲病逝的消息。"虽然我很愧疚没有来得及照顾好父亲，但现在父亲已经过世了。我还有自己的责任，我相信父亲也会支持我的决定。"黄雪梅红着双眼，坚定地向我们表述了她的想法。

其实黄雪梅身体也不怎么好，她曾患心肌炎，需经常注射药物，不适合过度劳累，生孩子的时候她还因大出血输了6000mL的血。但这些她从来没跟同事们提起过，只有护士长了解她的身体情况，常常主动帮她减轻工作量。她却更努力地工作。在科室里，黄雪梅就像"妈妈"。工作中，她考虑到科室人手不足，主动申请给自己的工作"加码"，从无怨言；生活上，她充分考虑大家在科室里的衣食住行，将物资准备得妥妥当当；过年期间，她热心地帮大伙儿准备年夜饭。正因为有了她，在紧张的抗疫期间，科室里有了年味。护士长经常开玩笑说："科室里可以没有我，但是不能没有黄老师。"

在四医院，还有很多像黄雪梅这样的医务人员，他们早早地将孩子送回老家给父母照顾，然后自己心无旁骛地坚守在抗击疫情的最前线。

请战！请战！

疫情期间的一天晚上，我到结核科的住院病区查房。有位叫谭一梅的年轻护士过来跟我说："院长，我请求您帮我一个忙。"这么多年，很少有护士直接跟我提请求。我就问她什么事。她说她想申请去隔离病区，但护士长没有答应她。她请求我帮她同护理部韦主任说情，让她去隔离病区护理新冠肺炎病人。我说隔离病区还是比较危险的，但是她说："我年轻，抗击非典疫情时没赶上，这次不能错过！只要做好科学防护，一定没事的。"

当时我感动得眼眶湿润，马上给护理部韦彩云主任打电话说这件事。韦主任说，让她做好准备，有可能下一批会考虑安排她进隔离病区。

应对新冠肺炎疫情，一般来说，以内科医生为主，特别是以重症医学科和呼吸科的医生为主。但在我巡房时，妇产科、外科、麻醉科等手术科室的医生都主动向我表示愿意进隔离病区。而先抽调到隔离病区的医护人员，也没有一人讲条件，没有一人退缩。

2月8日是元宵节，那天我带领医院工会、护理部、公共卫生办公室等部门的人员去看望第一批从隔离病区撤下来休整的医护人员。在慰问的过程中，内科护士吴华华跟我说："院长，我已经做好准备，如果医院有需要，我随时可以再次进入隔离病房！"

四医院是国家三级甲等传染病专科医院，有深厚的医院特色文化底蕴，有光荣的优良传统，有强烈的责任担当，有良好的专业素养。我一直为四医院医护人员的无私、勇敢与乐观的战斗精神骄傲。与其说我作为院长在领导他们前进，不如说是他们在引领、鼓舞着我向前。

手中有粮，心中不慌

作为一名医院管理者，当然需要考量经济效益，在考虑医院的物资和床位配置时，利润是非常重要的参考指标。但面对疫情，床位数量代表的则是可以承担社会责任的多少，充裕的物资才能避免身边的兄弟姐妹陷入职业暴露的险境。

在2020年新冠肺炎疫情的前期，因为春节放假、工厂停工、物流停运等原因，几乎所有的医院都经历了物资严重匮乏的一段时期，四医院也不例外。新冠肺炎疫情发生后，我们收治的病人数快速增长。甲类传染病大楼有4个病区，3个病区收确诊病人，1个病区收疑似病人，高峰时一天入院十几个，接诊、查体、治疗、护理的工作量都很大。投入的医务人员人数在增多，防护物品的消耗也在增加。平日里，这些防护物品都是交由医学装备科去统筹。疫情期间，为了更好地管理和使用防护物资，我要求护理部派一名护士长负责各个病区的物品审核和派送，目的是保障隔离病区有充足的防护用品并严格合理地使用。

2020年1月27日，我下班回家，走过医院的南丁格尔广场时，看到护理部韦彩云主任与黄金萍、黄妹青两位护士长在讨论着什么，远远看过去，她们三个人脸上的表情都比较凝重。我估计她们遇到了困难，就主动走上前去，提醒她们："天都黑了，很晚啦，你们快回去吃饭吧。"她们沉默了一阵，互相看了看，最后韦彩云说话了："院长，我们的连体防护服快没了。按目前病人量计算，4个病区，每天至少消耗40套。库存仅够用3天，怎么办？医学装备科在想办法采购，但也不确定能不能买到。"

我听到这个消息，也非常紧张。在隔离病区，连体防护服是医护人员必不可少的防护用具，是防止医务人员受到感染的重要武器。上了战场却没有武器，那是坐以待毙啊。我心里也没底，但不能在她们面前表现出慌张的样子。于是我故作镇定地说："有我在，你们放心吧，这个问题我来想办法解决。你们都回去休息，明天还要继续战斗呢。"

她们走了之后，轮到我紧张起来。我想起有个好朋友消息特别灵通，就打电话说明了我们医院目前遇到的困难，请教他有什么办法可以尽快补充防护服。我那朋友很热心，说他一直在关心疫情进展，也在担心我们医院的情况，他告诉我一个消息，为了预防禽流感疫情，自治区农业农村厅近几年都备着几千套防护服的库存。哇，这个信息对我来说太重要了。我立即报告了南宁市卫健委谢宗务主任，谢主任答应马上帮我们联系农业农村厅。十多分钟后，谢主任来电话说，农业农村厅的防护服刚刚被自治区防控指挥部征用了。但谢主任又说，既然农业农村厅有库存，那南宁市农业局也会有库存的。他告诉我，他会再想办法联络南宁市农业局，叫我等消息。晚上12点多，谢主任兴奋地打来了电话：市农业局还有400多套防护服，天亮以后就会划拨给我们医院。第二天，医院后勤部门就去市农业局把防护服拉回来了，解决了燃眉之急。

通过这个事情，我意识到自己应该反思：在领导层面没有及时得到重要防护物资不足的信息，还是因为工作做得不够细致，考虑问题没有前瞻性，对疫情的复杂性及困难评估不足。这次能化险为夷，那下一次呢？其他方面是否还存在问题？这么一想，还有太多的事情要做！我立即指示医学装备科，对医疗器材仓库进行全面盘点，报数，重要物资画红线，数量不足立即想办法采购补充并将情况上报。经盘点，发现N95口罩消耗量过大，全院无论哪个科，包括一些远离核心区的后勤工作人员都在使用N95口罩。这样过度使用，多少N95口罩都不够用。为此，我要求感控科立即和相关业务部门协商，对全院口罩的使用，哪里用普通医用口罩，哪里用外科口罩，哪里用N95口罩，尽快给出切合实际的规定，严格执行，保证有效科学防护的同时，又不过度防护，切实保障隔离病区防护物资的供应。

我知道，这个时候作为物资保障部门的医学装备科压力非常大，他们其实已使出了浑身解数：恳求所有曾经与医院有业务往来的厂家和供应商提供物资；在微信朋友圈，在各种初中群、高中群、大学群发布求助信息；利用医院所有人员的关系网络联系筹措物资……他们每天接打200~300个电话，无时无刻不在关注微信和QQ信息。记得有一次，医学装备科从泰国的一家旅行社那里得到了3000个医用外科口罩。对于我们这样一个三甲医院来说，3000个口罩也就2~3天的消耗量，但即使只有3天的量，医学装备科的彭认平科长还是在接到电话的第一时间，在凌晨1点多的时候前往机场接回物资。看到他们这样努力，我既感到心酸，也由衷地感到欣慰。

我时常说，对于行政后勤部门的工作，只要不批评，就是表扬。因为他们的工作性质就是人后默默付出、人前接受检阅。错误发生的时候，人人可以看到，人人可以批评；做得好的时候，看起来也只是不出错。这一次的疫情凸显了我们的后勤保障部门，他们也是一群可敬可佩又可爱的人，他们同样在努力、牺牲和奉献着。

同样在默默地守护着医院安宁的，还有我们甚至说不出名字的热心群众。

一直以来，我都有清早和夜间巡视整个医院的习惯。疫情期间的一天晚上，我又照例走一圈。走到医院门口的榕树下时，碰到了医学装备科副科长小陈，他匆匆忙忙地从一旁走过，手里还拿着一小包东西。我跟他打了个招呼。他停下来，跟我说了一件事：原来他手上拿着的是一位70多岁的老太太从家里送来的口罩。老人的儿子因为疫情的原因没能回来过年，给家里寄回了20个口罩，老人偶然间听说四医院出现了物资紧缺的情况，便徒步走了三四里路把口罩送了过来。我的心底被狠狠地触动了一下，多么古道热肠的老太太呀，手头的口罩并不多，但还是愿意拿过来支持我们的抗疫工作。这样的举动，让我觉得既温暖，又有责任，更有信心。

正是在市委、市政府的坚强领导下，在市卫健委和社会各界的大力关心支持下，在医院医学装备科等部门的积极努力下，四医院度过了一个又一个防护物资紧缺的危险期。之后，随着多渠道采购通畅，还有社会各界人士的捐赠，四医院各种防护物资完全足够保证一线医务人员的需要了，我心中的一块石头落了地，真可谓“手中有粮，心中不慌”。

两次核酸检测阴性之后

新冠肺炎疫情爆发以后，四医院成为自治区和南宁市新冠肺炎救治的定点医院，疑似病例和确诊病例陆续被送到院内进行隔离或治疗。作为院长，我无时无刻不在关注每一位患者的情况。其中，一名女大学生患者的诊治过程给我留下了深刻的印象。

她是在武汉求学的广西籍大学生，叫韦玲（化名），于2020年1月21日从武汉返回南宁，准备回家过年。

小韦在抵达南宁之前，已经出现咳嗽、肌肉酸痛等症状，抵达南宁就自行到广西某三甲医院就诊，做了血常规和胸部CT等检查后，高度怀疑为新冠肺炎，转到四医院，收住隔离病区。

新冠肺炎突然爆发，人们对它的了解十分有限。这名女大学生对这个传染病也知之甚少，不免担心和恐惧。她在“封城”前夕离开武汉，看到网络上批评的声音，想到自己可能会使疫情扩散，心里深怀愧疚。得知情况后，我立即组织四医院新冠肺炎救治专家组进行会诊，再三叮嘱专家组和主管医生，要充分评估她的病情，治疗之初就要开始心理疏导。专家组经过会诊后认为，根据小韦的情况，应立即按新冠肺炎诊疗方案进一步处置。接下来就是等待新冠病毒核酸检测结果。这个等待过程对她而言是漫长的。用小韦的话来说："感觉就是待在了人生的谷底。"

大年三十晚上，当我得知小韦的情绪不太稳定时，便来到了隔离病区，拿着对讲机跟她说："新年好，我是院长吴锋耀，首先向你拜年，我非常理解你此刻的心情。请放心，我们一定竭尽全力帮助你，请耐心地等待结果，要坚定信心，不要着急，你一定会好起来的……"

后来，疾控部门两次给出小韦的新冠病毒核酸检测报告，第一次核酸检测阴性，第二次也是阴性。按照当时的诊疗方案，暂不考虑新冠肺炎。当我们把这个消息告诉她时，她激动得流下了泪水。随后，我们将小韦转到留观病区治疗。

但是，小韦的病情仍在进一步发展，复查胸部CT显示肺部病灶在增多。出于谨慎，我再次组织会诊，专家组讨论后决定再次对小韦进行新冠病毒核酸检测，同时采集标本送CDC（疾病预防控制中心）进行检查。结果两方检测结果均显示新冠病毒核酸阳性。

这个消息对于小韦来说，无异于晴天霹雳。于我而言，也犹如惊雷。我意识到有发生院内感染的风险，警醒到事情的严重性。万一在院内造成交叉感染，那该怎么办？这可是确诊病例啊！摆在我面前的这一突发状况，是新冠肺炎疫情发生以来四医院面临的最大考验。我的第一反应是马上排查在院内与小韦有过密切接触史的人员。我马上召集留观病区的李莎主任、黄利雪护士长以及传染病专家组所有成员一起商讨对策，达成了共识：立即将小韦转回新冠肺炎隔离病区继续救治。同时，将与小韦有过密切接触的所有医务人员集中起来，送往院外的党校隔离点进行医学观察。临行前，我再三叮嘱他们注意身体情况，告诉他们："不要紧张，放松心态，身体有什么不适立即报告，医院永远是你们坚强的后盾。”

当小韦得知确诊的消息，内心更是充满了恐惧，一遍又一遍地按呼叫铃，再三请医生、护士为她讲解病情。责任护士、值班护士不断地安抚她，护士长一遍又一遍找她谈心，进行心理疏导；主管医生、值班医生、科主任向她详细讲解她的各项指标和指征，以及每一项指标和指征所代表的意义。可是，她仍然很焦虑。得知这一消息后，我拨通了小韦的电话，对她说：“小韦你好，我是之前在对讲机里跟你通过话的吴锋耀，是这个医院的院长，请你不要担心，我们会全力以赴。”她这才慢慢定下心来。

经过我们医护团队的努力，小韦于2020年2月10日顺利治愈出院。

两周过去了，在党校隔离点进行医学观察的医务人员身体都没有异常，他们纷纷要求返回抗疫一线。我前往党校隔离点把他们接回来。至此，这个突发事件终于圆满解决。

发挥中医在传染病防治中的独特优势

我的中医情结

我虽然是学西医的，但对中医却一直是推崇的。因为在孩提时代，在我的生活里，人们但凡有些病痛，都是靠中医甚至是民间土医解决的。我母亲告诉我，我一岁多时，满头长着疖疮，流着脓，到乡卫生院看西医，半年过去都没有好的迹象。看到我久治不愈的头疮，大人因此给我安了小名，叫“虫虫”。有一天碰上了一位老中医，按他的方子捣鼓了一服中药敷了几次，头上的疖疮就好了。

上大学学中医课时，中医老师讲了一个真实的故事，我现在还记忆犹新。说的是20世纪70年代，百色市某县委书记5岁的小孩得了流行性脑膜炎，高烧、昏迷、抽搐，病情垂危，请了全市所有的西医名家会诊，用尽了西医的办法，小孩病情都没有好转。这时有人介绍，某卫生院有一位大城市大医院下放的老中医医术很好，可请他来试试。在这样的情形下，那位领导只好同意请老中医来试试。这位老中医给小孩把脉看舌苔后，叫一个年轻的医生陪他到附近的山上走了一圈，采了一些草药，再取了一点

黄牛在山上刚拉的新鲜牛粪，回来把草药与牛粪一起捣碎，然后将这些药灌进小孩的胃里，过了三四个小时，小孩退烧了，不抽搐了。两天后，小孩苏醒。再两周后，小孩治愈出院。年轻的医生问这位老中医，是用什么药方治好这个小孩的。这位老中医笑着问："你们知道安宫牛黄丸吗?"听了老师讲的这个故事，我对中医有点肃然起敬了。

1991年，我在罗城县人民医院当内科主任，碰上一名50多岁的男子前来就医。他的症状为高热，我们一直查不出原因，用了不少抗生素，高热仍然不退。后来我请了中医科的一名老中医会诊，他用了几服中药，病人高热就退了，几天后就出院了。实践证明，中医、西医各有所长，可以共同施治。

南宁市第四人民医院是一所国家三级甲等传染病专科医院，我担任院长后就力推发展中医，现设有独立的中医科，社区卫生服务中心有中医馆，医院本部有中医门诊（包括推拿康复门诊），有中医住院病区。在既往的传染病防治中，如2009年H1N1流感、2014年的登革热，还有日常的三大传染病——结核病、艾滋病、传染性肝炎，四医院一直坚持采用中西医结合的方式治疗，并取得较好的效果。

中医在救治新冠肺炎患者中大显身手

这次救治新冠肺炎患者，我们继续坚持中西医结合，在第一时间使用中医方法。中医药再次大显身手，彰显了祖国医学强大的生命力。

按照"集中患者、集中专家、集中资源、集中救治"的原则，南宁市新冠肺炎防控指挥部规定，确诊病人和疑似危重病人全部收到四医院救治。在与病魔抗争中，四医院综合施策、精细治疗，把对新冠肺炎患者的救治目标定为"确保轻型普通型患者不转为重型、重型患者不转为危重型、危重型患者力争不死亡”。为了更好地开展救治工作，医院邀请多名抗击过2003年非典疫情、经验丰富的退休老专家加入救治专家组，参与病情研判，指导精准治疗。

2020年1月22日，国家卫健委把中医药正式纳入新型冠状病毒诊疗方案（试行第三版），之后每版都强调中医药救治。3月3日，国家卫健委印发《新型冠状病毒肺炎诊疗方案（试行第七版）》，方案再次强调，各有关医疗机构要在医疗救治工作中积极发挥中医药作用，加强中西医结合，完善中西医联合会诊制度，促进医疗救治取得良好效果。方案还明确了新冠肺炎属于中医“疫”病范畴，各地可根据当地气候特点以及病人病情、不同体质等情况，进行辨证论治。

四医院按照国家卫健委的要求，对新冠肺炎患者坚持中西医结合治疗，坚持中西医联合会诊制度，坚持“一人一案”，实行“一日一讨论”和“一日一评估”。除本院中医外，还请了多位院外中医专家定期查房和会诊，特别聘请了广西中医药大学校长唐农教授担任医院的特聘专家和本次新冠肺炎中医药医疗救治专家组首席专家。中医科常务副主任马钰婷连续39天带领科内医生轮流值守隔离病房，每天为病人号脉、看舌象，通过视频与专家组会诊。马钰婷每天都要给唐农教授打几次电话请教，商量中医治疗方法。中医汤剂方面主要以扶阳中医理论为基础的化湿清肺免疫方化裁。唐农教授在一个月内先后三次到四医院现场会诊，逐一为患者开方用药。除让患者口服汤药外，还采用针刺、艾灸、穴位贴敷、壮瑶药熏蒸等治疗方式，使得轻症患者发热、身体酸痛、乏力、厌食等症状能够减轻，对危重症患者的一些基础病治疗效果明显。

发挥中医在传染病防治中的独特优势

中医药学是中国古代科学的瑰宝，也是打开中华文明宝库的钥匙之一，为中华民族繁衍生息做出了巨大贡献。

多年的实践证明，要把中医药继承好、发展好、利用好，必须遵循中医药自身发展规律。2003年，中医药在抗击非典疫情中取得了举世瞩目的成绩。在此次新冠肺炎疫情防控中，中医药抗疫再次经受了考验，大放光芒。中医药对缩短病程、治疗并发症、缓解症状、减少重症与危重症的发生有明显效果。

在本次新冠肺炎疫情防控中，中医药还积极发挥了“治未病”的预防作用。唐农教授带领团队研发了3种“预防疫肺方”，为普通易感人群、密切接触者、一线医务人员等提供了预防干预，取得了很好的效果。

中医、西医是在不同的文化背景下建立起来的两套医疗体系。西医是对症治疗，讲究标准化操作与可重复性；中医是整体观念，讲究辨证论治，因时、因地、因人制宜。

在我看来，中医、西医可以互相补充、有效协作，而不必相互排斥和打压。走中西医结合之路，可以充分发挥中医的独特优势，尤其是中医在预防疾病工作中的主导作用，防治和战胜威胁人类的各种传染病。

第三辑

同心

——因医学结缘，为生命站岗

带教老师雷筱翘

大学毕业后，我是回到家乡罗城县人民医院进行毕业实习的。轮转到内儿科时（内科和儿科在同一病区单元），就有其他实习的同学提前给我打了“预防针”：“内儿科的雷主任很‘恶’（凶）的，你可得小心点，否则有你受的。”尽管我在别的科室实习都得到带教老师的夸奖，可听同学这么一说，还是有点紧张，同时也好奇这传说中的“雷婆”是怎样的人。

当实习生就是要跟着带教老师一起上班。那天，我提前20分钟来到科室，不一会儿，一位大眼睛、大圆脸、皮肤偏黑、体形较粗壮的中年妇女走进医生办公室。根据之前掌握的信息，我确定她就是雷筱翘主任，果真很严肃，她简单安排我的工作后，就忙自己的事了。没过几天，我便知道了她的厉害。

这天，科里来了一个60多岁的男病人，患者高血压病合并心、肾功能衰竭，病情极其严重，生命危在旦夕。在医院召集全院会诊时，雷主任提出了采用修瑞娟教授“修氏理论”（使用大剂量国产山莨菪碱）的治疗方案。当时有研究报道，这种方法对抢救成人和小孩心衰或肾衰都有较好的治疗效果，只是在我们这

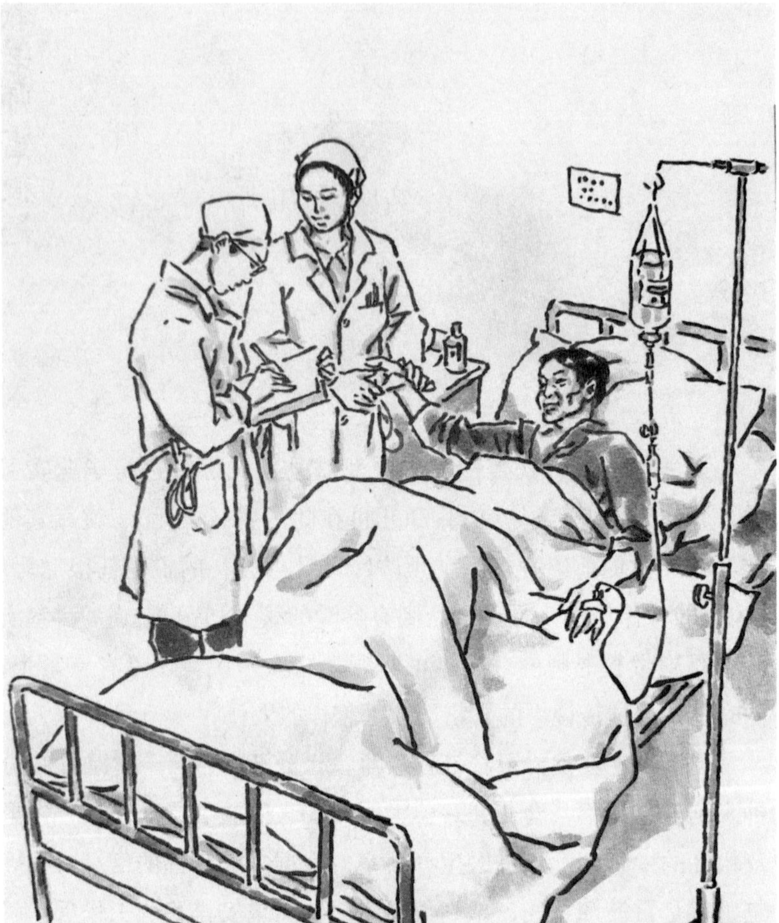

样的县级医院里还少有应用。雷主任在此之前对“微循环”理论有过一定的研究，经会诊讨论后决定执行雷主任制订的方案。那个时候没有多少现代化的抢救仪器和设备，监护病人几乎全靠人工去观察，听诊器和血压计不离手，尿量用量杯去计算。我们实习医生和护士们轮流给病人测血压、数心率、计尿量。雷主任也常常守在床边观察病人，蹲在床边数尿的滴数，再根据病情变化及时调整用药。那些天她几乎没有离开过病房，哪怕晚上也在值班室休息。经过5天的抢救，病人终于脱离危险。在这次抢救中，我对雷主任考虑问题时的细致、处理问题时的自信和果断敬佩不已。

急诊抢救的事，在病房时常发生，雷主任留守病房不回家也是常有的事。大家都知道她性子急，走路都是风风火火的，做事的风格也像男人。她在工作上对同事要求极为严格甚至是苛刻，谁对病人不上心，工作懈怠，她是绝对不留情面的，不论场合当面即批，搞得人下不了台，因此得名“雷婆”。不过，处理事情她是对事不对人，有问题就解决问题，绝对不打击报复。在科室实习一段时间后，我才对雷主任有了更多的了解——她父亲是北京第二外国语学院的教授，姐夫司马文森和姐姐是中华人民共和国的外交官，她和丈夫（内科医生，时任县医院业务副院长）都是柳州市人。她20世纪60年代中期毕业于柳州医专，毕业后响应毛主席“把医疗卫生工作的重点放到农村去”的号召，主动要求到边远的仫佬山乡——罗城县人民医院工作。这一干就已近20年。雷主任作为内儿科主任，专业发展的重点是儿科，但内科的专业水平也是科里最高的。这次用大剂量国产山莨菪碱成功抢救心衰、肾衰患者，也是她注重医学前沿理论学习、努力提高技术的一次实践。

在内儿科，雷主任几乎是每天上班最早到、下班后最晚离开的人。星期天和节假日总会在病房见到她的身影。她常说，医生的时间是由病人安排的，你当医生就意味着没有自己的时间和自由了。有一次，我还看见她悄悄拿几件小孩的半新衣服和5元钱交给一个病孩的母亲。那时候她一个月也就50多元工资。她还说，医生是悬壶济世的行业，要有爱心，特别要善待穷人。在雷主任的言传身教中，我开始慢慢去学习如何当好一个医生。因此在实习期间，只要有时间，我就尽量留在病房里，跟老师去查房、与病人谈话沟通，向护士学习静脉穿刺、打针、输液，参与危重病人的抢救，甚至在半夜里帮着把逝者抬到太平间。

勤奋学习，使得我的基本功打得更扎实。工作中，我不时得到雷主任的表扬。她常说，吴锋耀是她带过最好的学生，没有之一。一同来实习的同学总是羡慕加嫉妒地说："就只有你吴锋耀从没挨'雷婆'骂过。"现在想来，她的"恶"，是一种严厉，一种对做事原则的坚守。在我心里，一个好医生应该是雷主任这个样子：医术好、有爱心、讲奉献。

『仫佬山乡的李时珍』

我从1989年2月调到罗城县人民医院内科工作，1990年10月任内科副主任（主任由业务副院长兼任），一年后转正主任，到1993年3月调到南宁市第三人民医院工作，我在罗城县人民医院工作了四年。在这四年里，我最敬佩的人就是院长李江。

李江院长是广西贵港市人，1965年8月毕业于广西医学院（后更名为广西医科大学）临床医学专业，毕业后一直在罗城仫佬族自治县人民医院工作，先后任外科主任、医院副院长，1990年任院长，1993年晋升外科主任医师（当时县级医院正高职称的医生极少，整个河池市仅两位）。他于2000年3月退休，2017年1月14日因病去世，享年78岁。

李院长温文尔雅，勤奋学习，学识渊博，技术精湛，待人真诚，医德高尚。他是县医院外科医生“第一刀”，从头到脚，全身各个部位的手术包括妇产科手术他都能做，特别是能把胸科的肺肿瘤手术、心脏手术在县级医院开展起来，在河池市这样的老、少、边、山地区是罕见的。另外，李院长知识面广，无论妇产科、内科、儿科，还是五官科、中医科，都有一定的造诣，可以说是名副其实的“全科医生”。在我眼里，好像没有什么问题能难倒他。

在罗城仫佬山乡，风湿性心脏病发病率较高，有不少的风湿性心脏病合并单纯二尖瓣狭窄病例，做个二尖瓣闭式扩张术就能解决。但当时这种手术基本只有省级医院才能做，而农村的贫穷病人绝大多数是没有能力去省城做手术的。看到这种情况，李院长决心攻克这个技术难题，他自己到广西医科大学第一附属医院胸心外科进修学习，回来后组织一个外科技术攻关团队，先反复地进行动物（狗）实验以练习技术。掌握心脏手术的基本技术并熟练后，有合适的病人时先请广西医科大学第一附属医院胸心外科专家来带我们做手术，做了五六例之后，我们就下决心自己独立做了。1990年8月，我刚从广西医科大学第一附属医院心血管内科进修学习回来，李院长就给我下达了任务，说以后有风湿性心脏病合并二尖瓣狭窄需要做手术的病人要由我来为病人的手术保驾护航，包括做术前评估、参加术中病人的监护（特别是预防严重心律失常发生及其处理）、开展术后复苏及监护。可以说刚开始我是感到忐忑不安的，但见到李院长如此信任并大胆地起用我们这样的年轻医生，又特别感动。我暗下决心，要多看书，了解手术方面的知识，注意总结和积累这方面的经验，确保病人的安全，不辜负李院长对我们的期望。在县医院期间，我共参加了11例“风心二狭闭式扩张术”。我还作为“风心二狭闭式扩张术”科研项目的主要参加者，参与课题的设计，负责资料的收集、整理和分析，以及论文的撰写等。通过这样的“临床+科研”的培养模式，我们几个年轻的内科医生和外科医生很快就能在临床工作中独当一面。1990年10月，李院长还力排众议，把我这个大家都认为刚从县卫生防疫站调来没多久、临床经验欠缺的年轻医生提拔为内科副主任，一年后转正主任。

在20世纪八九十年代，李院长就能在县级医院如此简陋的条件下，超前地、有意识地开展多项临床医学研究，实属不易。在他的领导下，“大面积烧伤治疗345例实验研究”获河池地区科学技术进步奖三等奖，“风心二狭闭式扩张术”获县科学技术进步奖一等奖，“Steffee手术治疗胸腰椎骨折脱位并脊髓损伤”获县科学技术进步奖一等奖，“腰椎间盘突出症手术治疗的引进应用”获县科学技术进步奖二等奖。

由于李院长的卓越能力和带领医院所取得的辉煌成就，他先后被自治区人民政府授予“广西壮族自治区先进工作者”称号，被自治区党委授予“广西壮族自治区优秀共产党员”称号；被评为广西壮族自治区劳动模范，荣获自治区党委、人民政府授予的“在广西革命建设中做出突出贡献”荣誉勋章一枚；被中共河池地区委员会评为河池地区第二批专业技术拔尖人才。当地老百姓都称李院长为“仫佬山乡的李时珍”。

劝病人『不做手术』的外科医生

2001年8月，南宁市第三人民医院的老院长赖纪昌退休将近两年时间后，周铁军从南宁市第二人民医院骨科副主任的位置直接调到南宁市第三人民医院任第一副院长（法人代表），开启了三医院的另一个新时代和新征程。当时的三医院在经历了发展的鼎盛时期后逐渐进入低潮期。此时周院长上任可以说是受命于危难之中。他上任后传承三医院的优良传统，在立足于心血管病专科的基础上，首先开拓医疗市场。我时任医务科科长，牵头开拓医疗市场的重任当然就落在我的肩上了。因此，我经常组织医院的医疗专家到市内各城区，特别是到医院所在城区西乡塘区各乡镇进行各种义诊活动。作为骨科专家的周院长率先垂范，几乎每次义诊活动他都参加。在义诊活动中我发现，周院长不但是一位优秀的医院管理者，更是一名好医生。

周院长1.78米的个子，相貌堂堂，温文尔雅，亲切可敬。在乡下义诊时，他对待来看病或咨询的农民朋友很是热情和周到。当我看到他把农村大爷的双脚捧到自己的大腿上认真地进行骨科方面的详细检查，且毫不顾忌其双脚发出的臭味时，当我看到他耐心对农民兄弟做医学科普方面的宣传时，同样作为医生的我被周院长的举动感动了。在每次的义诊活动中，周院长都是最受广大农民朋友欢迎的医生。

有一年暑假的一天下午，我的中学恩师廖老师给我打来了电话。他在电话里说他已经退休了，退休之后参加了老年舞蹈队，每天晚上都到文化广场跳交谊舞。因近几个月左膝关节有些肿痛，他在当地县医院拍了个X光片，医生说看不出什么问题，但师母还是不放心，要来南宁看一下。他到了南宁，到某家三甲大医院挂了骨科专家号看病，大专家看了说要马上手术，并立即给他开了住院单。他家里人去办住院手续却被告知没有床位，要住上院至少要排队等待一周，这时才想起要向我这个学生求助。晚上我请老师一家人吃饭的时候，他又详细说起了看病的经过。廖老师是拿着县医院拍的X光片给三甲大医院的专家看的，专家一看X光片后什么都没有问他，就直接告诉他要手术。老师的大女儿见到要做手术，就比较焦急：“为什么要做手术，怎么做啊？”专家回复：“住院再告知，现在没空。你们到底住不住啊？我忙着呢。”老师还没有回答，专家已经在叫下一名患者进来了。我了解这个看病过程之后，对廖老师说：“我不是外科医生，只是麻醉科医生。明天我帮您再约两三位骨科专家分别给您看看再做决定吧，行吗？”廖老师点头同意了。第二天上午，我专门请假陪廖老师去找了已在南宁市中医院任职的周铁军院长。周院长先详细地询问了廖老师的病情，特别是感觉方面，让廖老师睡到检查床上，认真地给他进行身体检查，然后告诉廖老师：“您这个膝盖的问题可以先不手术，按我讲的方法进行训练会慢慢好转的。”并画了详细的训练示意图。走出这家医院的大门，我问老师，还要去看第二位专家吗？他说：“不用再找专家了，你介绍的这位专家是个好医生，我还没碰到过如此认真、态度如此和蔼的医生呢，我相信他，回去后我就按他说的去做。”过了半年多，我有事回老家探亲，专门进县城探望廖老师。师生相见分外高兴，老师说他的左膝关节完全恢复了，感谢我介绍了一个好医生，要给我些家乡的土特产拿回南宁去感谢周院长，被我委婉地拒绝了，搞得我的老师都生气了。

又有一次，我老家所在的县公安局一位40多岁的男干警因腰椎间盘突出症到一家自治区级的综合三甲医院骨科诊室就诊，骨科专家看了CT片之后，建议他马上手术治疗。他不大愿意做手术，但又怕耽误了病情。犹豫之下，他通过老乡的介绍找到了我。我把他介绍给周院长，让他向周院长咨询。周院长认真地询问了他的病史，先进行全面的基本体检再进行骨科方面详细的专科检查。周院长告诉这位干警，他认为这个病情虽有手术指征，但可以暂时不做手术，先进行健康管理（行为、姿势的纠偏）和针对性的身体锻炼，观察一段时间，实在不行再手术也不迟。周院长还详细地画了锻炼方法的示意图交给这位干警，要他回去坚持锻炼半年时间。这事过后我也没有再去过问，直到一年后我回老家探亲，碰上这位干警，他说：“周院长真是神医，别的外科专家都叫我做手术，而他叫我不做手术，按他教的方法锻炼一个月开始有效，现在我全好了。”之后，他又介绍两位同样病症的朋友来给周院长看，按照同样的方法治疗全都好了。他高兴地对我说：“周院长是我碰到的最好的医生。”

当今的不少医生整天在忙，与病人交流的时间实在太少了。不少医生已经忘记了医者的初心，忘记了医生治病的三大法宝：语言、药物、手术刀。手术应该是最后的、最无奈的选择，不能轻易用，更不能作为首选。像周院长这样劝病人“不做手术”的外科医生，是有人格魅力和人文情怀的。

乡村医生郭红莲

2006年9月，我当时任南宁市三医院业务副院长，在周铁军院长的指示下，由我牵头组织一个三医院讲师队伍为各城区卫生局组织的乡村医生举办技术业务培训班。周院长、医务科科长、质控科科长、护理部主任及部分科主任、专家都被安排为乡村医生们授课，我也是培训老师中的一员。为了保证讲课质量，周院长还事先对所有授课的医生进行培训，要求所有医生高度重视这个培训班，要认真备课，除了卫生部培训要求和规定的基础理论和知识，还要多多结合临床案例使讲课生动精彩，特别要尊敬在农村基层一线的乡村医生，决不允许随便应付了事。因此，每位老师都认真对待，准备充分，六个城区的培训班都得到城区卫生局领导的认可和乡村医生的好评。培训过后，不少乡村医生和讲课老师变成了好朋友，时常有联系。现在已经十多年过去了，我仍然和多位乡村医生保持着较密切的联系。兴宁区三塘镇创新村卫生所的郭红莲医生就是其中的一位。

2010年深秋的一天，我接到一个电话，话筒里传过来动听的女中音："吴院长您好！您应该不记得我了，我叫郭红莲，是创

新村卫生所的村医啊。2007年我在三医院听过您的课，您的课讲得太好了，到现在我还记得呢。”我回复：“郭医生您好啊！您有什么事？需要我帮助吗？”她回答：“没有什么事。我知道您已经调到四医院当院长了，知道您肯定挺忙的，都不好打扰您。但我们四塘镇的这些村医都很想念您，过几天是我们村的丰收节，我儿子也准备去入伍参军，几位村医想趁机过来一起热闹一下。我斗胆想邀请您这位大院长来我家里过节，顺便见见这些村医老朋友呗，您能不能来啊？”我这个从乡镇卫生院走出来的院长，向来对乡村医生是最有感情的，得到郭医生的盛情邀请，我二话没说立马回复很愿意参加。到那天我还带了四五位同事一起到郭医生的家里。因为过节，加上庆贺她的儿子光荣参军，来的人特别多，很是热闹。四塘卫生院的不少医生、护士也去了，可见他们的关系是多么融洽。我见到了三四年未见的村医朋友们，聊起从前的故事时更是开心。来这趟真是太有意义了，我很感谢郭医生的盛情邀请。

从此之后，郭医生和我联系得更多了，当然主要是介绍病人到我们医院，或在别的医院诊治时请我帮忙打招呼，请我多多关照她介绍过来的病人。她告诉我，经她看过病的病人都很信任她，因此她得负责到底，要对得起这些病人的信任。

2018年3月上旬的一天，郭医生给我打电话，说她的村里有一位妇女，患先天性心脏病并已经有严重的症状，到南宁一家大型三甲医院就诊，确诊为室间隔缺损，可以采用心脏介入封堵术治愈，预计新农合报销外，自费部分要3万元左右，但她极度贫困的家庭根本无力支付这巨额的费用，问我有什么好办法能帮助她。后来，正是她的这次介绍，促使我又成功地策划了一次“救心行动”，帮助这个病人成功施行了心脏手术。

我与郭医生介绍过来的部分病人进行较深度的沟通交流后，

能真切地感受到这些病人对郭医生的信任和依赖，还从他们口中得知郭医生经常为贫困病人减免医药费用，这可是很难得的啊。渐渐地，我从心底里认同郭医生这位优秀的乡村医生。

要实现“健康中国”，作为三级卫生健康网最底层的村级卫生所就需要像郭红莲医生这样真心对待老百姓的乡村医生。其实在许多我们看不见的地方，也确实有很多像郭红莲医生这样的好村医。他们是人民健康的守护者，我们要尊敬他们、爱护他们。

医院文化建设的先行者

2009年2月，我到四医院任职还没到两个月，一天上午下班前，时任护理部主任的许萱荷手上拿着4本书，来找我说："吴院长，这是山西省运城市第二人民医院（运城市传染病医院）李长河院长写的书，我借给您看看吧。"我瞄了一眼，心里在想，一个院长不好好管理医院，写什么书啊？当时我的确有点不屑一顾，但出于礼貌，我还是把书接了过来，并向许主任致谢。我中午回到临时休息的小房间，就随手把这几本书放到床头旁的一张椅子上面，没有想要把这些书翻一下，就倒头午休。第二天中午，我回到小房间正躺在床上准备休息，这时放在床头椅子上的手机突然响了，我伸手去拿手机时碰到了手机旁边的书，有一本书掉到地上了，我只好起身把这本书捡了起来。当我拿起书时，封底的几行字吸引了我的目光。我认真地看了看，这几行字是这样写的："在绝对的弱势状态下，我发现了一条刚好没有人走过或者没人走好的道路，那就是医院文化建设。这是一条捷径，但又是一条极其艰难的路子，不过，我很自信。""医院文化建设"这几个大字，戳中了我的心。前一个月，我刚请了著名作家鬼子、东西、凡一平、常剑钧与四医院领导座谈，作家们也是建议四医院的发展建设要另辟蹊径——医院文化先行。潘琦老书记（自治区党委原副书记，我的老乡）也是这样指示我的。但如何进行医院文化建设，我们没有半点经验，正在寻思怎么做呢，封底的这几行字，就正好与我们的想法不谋而合了。我再看看这书的书名：《这三年——我的院长笔记》，这书是2007年出版发行的。再看另外三本，《在西藏的日子》是1999年出版的，《触摸西部》是2001年出版的，《直白—— 一本打开的院长日记》是2005年出版的。一个医院院长前后8年出版了4本书。《在西藏的日子》这本书封面上的书名“在西藏的日子”六个字还是著名作家贾平凹先生所题。我知道，贾平凹先生的书法可谓一字千金哪！我想，这位李院长应该能称得上“作家院长”了，他的书应该值得一读。于是，我连续几天把这4本书——《在西藏的日子》《触摸西部》《直白—— 一本打开的院长日记》《这三年——我的院长笔记》按出版时间先后一一拜读，并且几乎是一口气读完了。

从《在西藏的日子》和《触摸西部》这两本书中，我看到了一位援藏医疗队队长在西藏工作的短短7个月，忘我工作之余，还能用心观察，认真记录，然后以炽热的情感和朴实的文笔描述西藏的山水、民俗、佛教，记录医疗队的工作和生活，抒发了他对高原文化的情怀和对藏民族的赞美，如诗如画，情景交融。

我再认真细致地拜读了《直白—— 一本打开的院长日记》和《这三年——我的院长笔记》这两本书，可以说这是李院长工作笔记的升华。2004年1月9日，李长河以作家和市卫生局机关干部的身份来到运城市第二人民医院任院长，局领导给他的近期目标是“一年摆脱困境，两年初见成效，三年面貌大改观”。李长河院长试图通过走医院文化建设的道路来发展医院。大家都明白医院的院长不好当，传染病医院的院长更不好当，而想要在文化上做点事就更难上加难了。但李院长带着他的职工走过艰苦的三年历程，实现了领导当初给他规定的近期目标。从书中我看到了运城市第二医院以文化举措极大地促进医院各项工作的开展，加快了创新步伐的具体做法和细节。李院长用文化这一“软武器”，让运城二医院人以不可小觑、无可限量的创造力，拿下了一场场硬仗，完成了一个个在外人看来根本不可能完成的设想。他带领运城二医院人爬出当时负债累累、举步维艰的“大坑”，给世人展示了一个拥有全新工作环境和全新精神面貌的运城二医院。

看完李长河院长这4本书，特别是《这三年——我的院长笔记》这本书，我感到这是一本教人做事，更是教人学会做人的书。我要衷心感谢护理部许萱荷主任借了这4本书给我。于是我心中暗自做了决定，尽早出行，到山西省运城市第二人民医院看一看、学一学。2009年3月初，我和汤卓副院长，还有结核科一病区王祖恩主任、传染病科韦彩云护士长、肝病科姜春华医生，一行五人北上前往山西运城市第二人民医院参观学习，受益匪浅。

结识中国科学院王福生院士

2011年5月，我到北京地坛医院参加一个肝病会议，会议结束后，我和医院办公室主任杨修凯专程到中国人民解放军三〇二医院（现在的中国人民解放军总医院第五医学中心，以下简称“三〇二医院”）访问，目的是邀请三〇二医院的领导在当年10月到南宁参加四医院建院50周年系列庆祝活动。在三〇二医院外联部主任杨燕的精心安排下，当天下午吕院长、邢政委亲切地接见了我们，段副院长、院办主任、医务处主任以及外联部主任陪同接见。吕院长、邢政委表示，四医院的院庆活动届时一定派人参加，并对四医院进行院际合作的考察，为下一步的真正合作做准备。会见结束后，杨燕主任带着我们参观了医院各科室，拜访部分科主任和专家。其中就拜访了肝病生物治疗研究中心主任、全军传染病研究所所长王福生。王福生戴着一副眼镜，温文尔雅，沉着而稳重。杨燕主任告诉我，王福生主任是三〇二医院最有希望成为中国科学院院士或中国工程院院士的专家之一。

2012年5月11日，是四医院与三〇二医院结成技术合作医院举行揭牌仪式的日子。5月12日，在四医院开办了“2012年全区传染病防治技术高级研修班”，王福生院士在研修班上做了题为《乙型肝炎的免疫治疗新进展及艾滋病治疗进展》的专题讲座。我在这次研修班上与王院士进行了深入的交谈，王院士给我留下了较深刻的印象，也让我了解到什么样的人才是真正的医学科学家，王福生就是真正的医学科学家。随着之后在几次不同学术会上倾听王院士的讲课以及课后的不断交流，我们彼此之间已像老朋友一样。2015年12月7日，当得知王福生当选为中国科学院生命科学和医学学部院士的消息后，我感到非常高兴，并发自内心地为三〇二医院和王院士感到骄傲。

2016年10月，王福生应邀参加首届东盟国际医疗卫生高峰论坛，会议期间，我向他提出了在四医院建立“王福生院士工作站”的提议，目的是借用院士工作站这个高端平台，提高广西传染病临床、科研和教学工作水平，同时发展和东盟各国的传染病防控联动机制，为全球的传染病防治做出我们应有的贡献。王院士爽快地答应了。2017年2月中旬，我带领相关职能部门人员再次到北京，与王院士、三〇二医院领导进一步协商建立“王福生院士工作站”的具体事宜，并草签协议。2017年7月，中共南宁市委和南宁市政府批准在四医院设立“王福生院士工作站”。这是广西首个传染病医院领域的院士工作站，受到了各级领导和兄弟医疗单位的特别关注。

回望这一路走来，我与王福生院士，南宁四医院与王福生院士，都有着深深的缘分。如今，四医院“王福生院士工作站”正如火如荼地开展工作，为培养高层次人才、开展医学科技创新不断做出贡献。

与施焕中教授结缘

2017年2月16日（星期四），我和人事科科长唐欹柯还有广西医科大学的梁纲老师出差到北京，计划到三〇二医院与中国科学院院士王福生商量建设院士工作站的事宜，以带动广西艾滋病和肝病防治方面的临床、科研和教学等工作的开展。但因信息错位，王福生院士当天已经到上海参加亚太地区肝病论坛去了，他任大会主席，须自始至终参加会议，可能2月20日才能返回北京。王院士在电话中对我说："吴院长对不起啦，我不在北京好几天呢，要不您先回南宁，改天我抽时间去南宁和您商量？"我回答王院士："4天没有关系的，只要王院士您在10天内能回来，我都会请假在北京等您。"后来，王院士于2月19日（星期天）下午提前赶回北京接见我们，并达成在我们南宁市第四人民医院建院士工作站的意向，这是后话。

话说我们在北京那几天还真闲得有点发闷了，星期六上午，梁纲老师问我："吴院长您认识施焕中教授吗？"我回答："我听说过施教授，知道他是很大牌的呼吸科专家，从广西闯出来，先到武汉再到北京，但我还不认识他呢。"梁老师说："您想认识他吗?”我回答:“我当然很想认识他啊，只是这样大牌的教授会不会接见我们?”梁老师说:“那我试着联系看看他是否在北京，是否有空。”过了半小时，梁老师说:“施教授已回话，他很愿意在北京会见我们这样的同行老乡，答应晚上出来和我们吃个晚饭、聊聊天。”我们真是喜出望外。

我马上到北京朝阳医院的官网查看施焕中的个人资料，我看到的是:

施焕中，男，1964年10月出生，研究生学历，博士学位，教授职称，现任北京朝阳医院呼吸与危重症医学科主任。自1994年开始从事肺脏免疫相关性疾病的基础和临床研究。主要学术兼职包括:国家自然科学基金委员会专家评审组成员，中华医学会呼吸病学分会青年委员会副主任委员，《中华结核和呼吸杂志》《中华内科杂志》《中华医学杂志·英文版》和《英国医学杂志·中文版》编委，以及《中华哮喘杂志·电子版》常务编委等。2002年获全国优秀博士论文奖;2004年入选首批新世纪百千万人才工程(国家级人选)以及国家教育部新世纪优秀人才支持计划，荣获吴阶平医学研究奖-保罗·杨森药学研究奖，被授予卫生部“有突出贡献中青年专家”称号，同年起享受国务院政府特殊津贴;2006年荣获首届中国呼吸医师奖;2007年荣获中华医学科技奖一等奖;2011年获国家科学技术进步奖二等奖。他的主要学术贡献在于:一、证实白介素-4和白介素-5可直接趋化嗜酸细胞浸润到哮喘患者的呼吸道，并进一步将其激活释放毒性蛋白参与哮喘的发病过程，从而直接导致气道高反应性。二、发现嗜酸细胞进入血流后不但能够在变应原的激发下自血管腔浸润到气道组织并进入支气管腔内，而且同样能够从支气管腔内返回到黏膜组织，最后移行到局部引流淋巴结并定位于T细胞区，并将经过处理的抗原信息呈递给淋巴结中的CD4+T淋巴细胞，从而促使后者出现显著的增殖反应，最终激发Th2反应。三、阐述多种炎症细胞浸润到胸膜腔的新机制；阐述胸腔积液中调节性T细胞的免疫学特征。四、系统探索多种可溶性介质对于鉴别诊断良恶性胸腔积液的临床价值，为临床使用这些诊断指标提供循证医学依据。在相关学术领域单独编著学术专著1部，主编2部，副主编1部；在SCI杂志发表论著、综述和述评80余篇。截至2019年8月，所发表英文论文被SCI杂志他引2 200余次。

1958年朝阳医院建院后，呼吸科作为大内科一个专业学组开展常规工作。在著名内科学、呼吸病学专家翁心植院士的领导下，1985年正式成立呼吸与危重症医学科。在翁心植院士、王辰教授等学科领军人的带领下，经过几代人的不懈努力，朝阳医院呼吸与危重症医学科已逐渐发展成为呼吸医学领域集医、教、研、防于一体的现代诊治中心与人才培养基地，是国家重点学科、首都医科大学呼吸病学系主任单位，首都医科大学硕士、博士研究生培养点及博士后流动站。北京市呼吸疾病研究所、世界卫生组织烟草或健康合作中心、北京市呼吸与肺循环疾病重点实验室以及北京呼吸与危重症医学工程技术研究中心等多家学术机构挂设在该科。

我还从其他渠道进一步了解了施焕中教授，他是我们广西老乡（南宁市宾阳县人），是广西医疗卫生界少有的传奇人物。他在1980年7月初中毕业后考上了广西卫生学校（现今的广西卫生职业技术学院），两年后中专毕业被分配到家乡宾阳县人民医院检验科工作，刚开始工作就谋划复习，下决心再考医科大学。工作两年后，他以优异的成绩考上广西医学院（现今的广西医科大学），1989年大学毕业后又以优异的成绩留在广西医科大学第一附属医院内科（高干科）工作，两年后顺利考上本校呼吸科的硕士研究生，之后又考上博士研究生，先后到日本和美国留学，再之后当上附属医院最年轻的科主任（呼吸与重症医学科主任）。2007年荣获中华医学科技奖一等奖；2009年调到华中科技大学协和医院任呼吸科主任；2011年获国家科学技术进步奖二等奖。2012年，北京朝阳医院看中他，把他调到中国最好的呼吸与重症医学科担任主任，至今已经7个年头。一个在首都没有教育背景的广西人能在中国顶级医院稳当地担任科主任，本身就是一个传奇。了解这些后，我对施焕中教授真是膜拜了。

当天晚上吃饭的地点是施教授订的一个大排档的包间，菜是很普通的那些种类，我们还点了一瓶北京二锅头（牛栏山），小酌了几杯。几杯小酒下肚后，我与施教授已是一见如故，相谈甚欢。他认为我们南宁市第四人民医院的结核病临床病例资源是开展科研的丰富矿藏，大有可为，作为老乡他愿意鼎力相助。我代表四医院特别聘请他担任院外特聘专家，他高兴地接受了。

之后施教授利用回广西讲学或探亲的机会，多次到四医院指导临床工作和开展科研工作。他现在是南宁市政府批准的特聘专家，在四医院建了施焕中专家工作站，和他的团队一同为四医院呼吸性疾病特别是结核病的临床、教学、科研进行全面的指导和帮扶。施焕中专家工作站是一个高端的平台，相信四医院的年轻医生们在这样的平台上施展自己的聪明才智，会取得更大的进步。

廖万清院士：院士就是战士

四医院的皮肤性病科原先没有得到重视，只有一名医生，一直发展得不怎么好。2016年8月，院里把皮肤性病科从综合门诊（2号楼二楼）搬到艾滋病临床治疗中心综合楼（5号楼一楼大厅左侧）后，业务用房宽敞了；2016年10月，院里把硕士研究生毕业的彭智鹏主治医生从艾滋病科调到皮肤性病科，担任科室负责人，并将医生增至3名。经广西医科大学梁纲老师的介绍，四医院开始经常邀请对真菌研究很有造诣的广西医科大学第一附属医院皮肤科的曹存巍教授到皮肤性病科和艾滋病科会诊有真菌感染的病人。曹教授介绍说，国内最有名的真菌病学专家是海军军医大学长征医院皮肤病与真菌病研究所所长——廖万清院士，他是曹教授的老师。曹教授表示可以牵线请廖院士到南宁市第四人民医院指导工作并开展科研合作。2017年7月下旬，廖万清院士受邀到广西讲学期间，抽空到四医院调研和指导。他对四医院的艾滋病人合并真菌感染的病例非常感兴趣，表示愿意和我们合作开展科学研究。遗憾的是，廖院士来南宁期间，我正好在呼和浩特参加中国医院协会传染病医院分会年会，错过了与廖院士会面

的机会。2018年11月17日，我到杭州参加北京地坛医院举办的亚洲艾滋病论坛，去杭州前我与廖院士约好，18日下午散会后我马上乘坐高铁到上海，和廖院士共同商谈他到四医院建院士工作站之事宜。11月19日上午10点，我和艾滋病外科主任邓建宁到达了廖院士办公室，廖院士和他的秘书热情地接待了我们。一进到办公室，映入眼帘的是廖院士老家（广东梅县的一个风景优美、山清水秀的山村）的照片。侧面的墙壁上悬挂着两幅出自大家的书法：一幅是“精气神”，一幅是“万壑清流”。廖院士一身白色的衫裤映衬着他魁梧的身躯，英姿焕发，威武有仪，国字形的脸庞透出学者的敦厚、儒雅与温和，平头下的眼眸绽放出质朴而睿智的光，只在握手的瞬间，我就感受到了那份至真的性情和军人的磊落，让我坚信这位院士蕴含着一种足可让人信赖的精神与力量。我和他拉起了家常。俗话说，广东广西两广一家亲，我感觉到和他说话很投缘，就开门见山地说明来意，并拿出院士工作站的建站协议。廖院士认真地审核协议书后签完字叫秘书去盖公章，事情就这么办成了，我真是没有想到。这真是军人作风。

之后，廖院士邀请我们到医院军官食堂共进工作午餐。在午餐时，与廖院士交谈，得知他1938年出生于新加坡——在战乱和灾荒中，他父母那一代到印度尼西亚谋生，后来又去了新加坡。3岁的时候，父母把他送回了广东省梅县老家，让他寄住在叔叔家里。他的两位叔公对他影响最大：一位从事中医，为人非常和善，医术也特别好；另一位则是德高望重的西医，开了个卫生所，平时骑着自行车满村给乡亲们看病。受两位叔公的影响，他从小就立志长大以后要做一名救死扶伤的医生，努力解除人们的病痛。上了初中之后，他的生活几乎都是靠国家给的“人民助学金”维持的。高中毕业时，第四军医大学到学校招生，录取了他。廖院士说，从医是他从小的梦想，参军更是长期以来的报国志愿，当梦想成真时，他就立下了誓言：一定要努力学习，刻苦训练，学好本领报效党、报效国家，为祖国和人民服务。五年后，他以“五好学员”的优异成绩毕业，满怀报国热情。他被分配到了第二军医大学，选择了皮肤科专业，去钻研与探索未知的医学科学。廖院士把“为理想，追求不断，矢志不渝；为事业，百折不挠，坚忍不拔”作为自己的座右铭，并表示：“只要国家需要，人民需要，部队需要，院士就是战士，我还要继续战斗，为培养更多的优秀人才而努力。”午餐后，我们与廖院士握手道别，当天下午我们就返回南宁。

廖院士是真正的标准的军人，是传奇式的军人院士，我向他致敬！

潘琦老书记的四医院情怀

文化先行是四医院工作的特色和优势，特别是这10年来，在传染病医院特色文化体系建设中，四医院确立了医院的核心价值观——“为生命站岗”，做到三个坚持：坚持政治站位，打造文化品牌；坚持自身特点，培育先模品牌；坚持又红又专，筑起技术品牌。医院之所以能有“党建引领，文化先行”的发展理念，我们需要感谢各级党委、政府的正确领导，各级领导和各界人士的关心、支持和帮助，还要特别感谢一位前辈和领导，他就是广西壮族自治区党委原副书记、自治区人大常委会原副主任潘琦先生。在他的帮助和指导下，我们的文化建设卓越辉煌，引人注目。

走进南宁市第四人民医院大门时，首先映入眼帘的是喷泉水池后面耸立的一块风帆形状的大石头，石头正面刻有五个刚劲有力的书法字：为生命站岗！每每我陪同领导或朋友走到大石头前，他们一定会问我，那五个漂亮的书法字出自谁的手啊？我会很骄傲地回答，出自我的老乡——广西壮族自治区党委原副书记、自治区人大常委会原副主任潘琦先生之手。闻者皆羡慕不已。

2008年12月，我到南宁市第四人民医院报到就任院长职务。

到任后不久，我专门去向我的老乡、长辈，自治区党委原副书记、自治区人大常委会原副主任潘琦汇报我到四医院后的工作情况，以及医院的基本状况、发展优势、存在的劣势、今后的初步打算等。潘琦老书记认为，南宁市第四人民医院是一所传染病专科医院，之前发展虽滞后于综合医院，但传染病医院有专科优势、政策优势、后发优势。他指示：要在党建引领下抓好文化建设—— 一抓人才，二抓精品，三抓政策，四抓效益；如今文化已经成为一个国家、地区发展的软实力，必须抓紧、抓好、抓强，医院也同样如此；文化优先发展，要找准方向，明确思路，发挥优势，要强化具体措施；文化建设要有规则，有项目，有要求，有强硬措施；要特别注重人才，有的事我们办不到，只有他们办得到，这就是人才，这就是本事，医院要培养和引进有真本事的人才，要有创新性思维、创新性措施；要注重培育和推出先进人物，树立一面旗帜，让大家在这面旗帜下团结起来，组织起来，形成合力，好东西需要包装，先进人物也是如此，整合才有竞争力。他还语重心长地告诫我，作为院长要搞好班子团结，还专门跟我讲了一个关于团结的故事："有一个家庭有5个孩子，老大是比较老实的，老二是聪明伶俐的，老三是盲人，老四是驼背的，老五是跛脚的。人家都以为这样的家庭肯定是很穷苦的。但是这五个孩子的父亲把他们的优势放大了，把短处变成长处——家里有三亩地，让老大种地；老二聪明，给他一点盘缠，让他做生意；老三就搞按摩，按摩很到位，生意红火；老四驼背，就让他去编草鞋；老五跛足，就让他纺棉纱，一只脚长一只脚短，踩纺纱机不是很自然嘛。每个人都有适合自己特长的活干，于是都能干得很好，所以这个家的日子就非常好过，很富足。"同样的道理，可以引申到一个单位、一个科室。领导班子中，班子的那些成员都有长处和短处，关键是班长要把每个人的长处发挥得更好。班长会团结人，班子成员发挥好各自的长处，就能把工作做好。得到潘琦老书记的启发，我对医院管理的理念创新等方面有了一些感悟。

在我的请求下，潘琦老书记还亲自为四医院的院歌作词。歌名是《我们为生命站岗》：

南国绿城，洒满阳光；
青翠燕岭，歌声飞扬；
神圣的白衣战士，沐浴朝阳，
我们为亲人生命站岗！
日以继夜，劳累繁忙，
防艾防痨，救死扶伤；
圣洁双手托起生命希望，
博大胸怀温暖和谐家园，
白衣天使，实现美好的梦想。
南国绿城，洒满阳光；
青翠燕岭，歌声飞扬；
光荣的白衣战士，坚定信仰；
我们为百姓生命站岗！
春夏秋冬，汗水流淌；
抗击瘟神，生命共享；
美好心灵绘就多彩世界，
满腔热情谱写医学华章，
白衣天使，创造人类生命的辉煌！

潘琦老书记作词后，还帮我们请广西著名的作曲家何超立老师为院歌作曲。从此，这首旋律优美、具有壮乡特色的院歌经常响彻四医院的上空。一次，有位退休同志和我碰面时，她先是哼起院歌，然后满脸笑容地对我说：“唱起院歌精神爽，唱好院歌干好活。”我回以微笑——院歌已经融入四院人的心里。

潘琦老书记还亲自帮我们提炼了工作观——“以科学精神抗击病菌，把美好心灵献给病人”，以及服务观——“听诊器聆听心跳，用真情倾听心声”。他还到医院给四医院的全体职工做医院文化建设专题讲座，为《绝地阳光》这本书写了书评：《传播正能量是文艺作品的时代责任——读谭小萍的报告文学〈绝地阳光〉》。此后，我们确定“为生命站岗”为四医院的核心价值观；“勇于担当，甘于奉献”为医院精神和杜丽群精神；“改革兴院、人才强院、科研立院、文化固院、特色塑院”为办院理念。我们还设计了医院院徽、院旗，选定了桂花树为四医院的院树，玉兰花为四医院的院花，建了党建廉政文化长廊、杜丽群荣誉室、白求恩广场、南丁格尔广场和张仲景中医花苑。医院的每个角落都增添了文化气息。

在潘琦老书记的精心指导下，四医院的传染病特色文化体系在业内独树一帜。党建引领，文化先行，医院面貌发生了翻天覆地的变化：综合实力全面提升；成为广西艾滋病临床治疗中心(南宁)、广西医科大学附属南宁市传染病医院；2019年初成功晋级为三级甲等传染病医院。

作家鬼子走进四医院

稍微爱好文学的人都知道，广西文坛有“三剑客”，其中之一便是作家鬼子。

当我提出要在我写的这本《医路长行》里写一写有关他的故事时，他认为，写他的事会和书的整体不协调。但我还是坚持写他，因为，近年来四医院所取得的辉煌业绩和我本人所取得的一点成绩，应该说与鬼子的帮助是有关系的，特别是传染病医院特色文化建设方面。我要以文字来表达对他的谢意，感谢他的帮助。

很多人可能不知道，鬼子的真实姓名叫廖润柏，鬼子只是他的笔名。但几十年过去了，鬼子的真名廖润柏反而已经被人遗忘了。

他为什么取“鬼子”这个笔名，一直是个谜，也因此产生了多个版本的传说。我在老乡聚会的饭局上时不时地听到大家也在争论呢。

前段时间我在翻看鬼子的《艰难的行走》（“回报者文丛”第一辑，是鬼子签名送我的其中一本书）时，看到鬼子是这样描述这个笔名的：“我觉得我叫鬼子挺好的，看过我作品的几乎都把这个名字给记住了。这样挺好的。这年月作家多，漫山遍野的，到处都是，能被人记住的好像越来越少了。能让人记住，对一个作家来说，总是件好事。当然，一个作家只让人记住名字是不够的，这一点我心里明白，所以，我的小说一直都写得比较用功，这一点，鬼子小说的读者应该可以证实，同时还可以感悟到一点为什么叫‘鬼子’。鬼子的小说与别人的小说，可以说是很不一样的，读完了，你会觉得这人就该叫作鬼子。”我想这是最真实最权威的解释，因为它来自鬼子本人的笔下。这本书的封底还有这样一段话：“知恩图报，否则就不是我，而是另一种鬼子了。——鬼子”

和鬼子只有一面之缘的人，对鬼子的印象多数是：这人清高、冷峻，不大喜欢与人交谈。其实，我当初刚接触他时，也是这个印象。

我和鬼子是罗城老乡。他是天河镇人，我是乔善乡人，邻乡。1983年，我大学毕业后被分配到天河中心卫生院工作，鬼子曾在卫生院隔壁的镇中心小学当过老师，我到天河时他应该已调到罗城东半部的小长安中学了，只是听说了他的一些故事——一个有志青年坚持不懈写小说的故事，但未曾谋面。鬼子的处女作《妈妈和她的衣袖》于1984年9月发表在《青春》的第9期（这是一期处女作专号），1984年11月，《小说选刊》给转载了。鬼子这篇小说的发表在仫佬山乡引起了巨大的轰动。鬼子也因为这个小说的发表被调到了县文化馆工作。在当时，一篇小说有时可以改变一个人的命运，现在看来简直不可思议，但在当时的确如此。这样的正能量信息极大地激励了我们这些还在乡镇工作的“青年才俊”，坚定了大家通过自身的努力能改变命运的信心。后来，我能从乡镇卫生院走到县城，再走进广西首府的三甲医院，我不敢确认是不是也曾受其影响。

第一次见到鬼子是1989年的暑假，他刚从西北大学毕业回罗城，我已经在县医院工作。有天晚上，我去同事罗通恒家串门（罗通恒是我在卫生院工作时的院长，我和他是一个村子出来的，后来又一起在县医院内科工作，他是科主任，对我关爱有加，我们情同父子）。我进门时见到还有一位青年男子也在他家，这个人高高的个头，留着披肩的长发，冷峻的脸庞，没带笑容，穿着T恤衫、牛仔裤，脚穿运动鞋，乍一看有点街上不良青年的味道（那时在单位上班的人不会留长发，一般单位也不准留长发）。在后来的交谈中，我再认真观察——鬼子的那一头长发飘逸而下，表情总是给人一种高傲的感觉，冷峻的目光透过眼镜片逼视这个世界，令人感到每一个细节都难以躲过他的审视，仿佛他的内心蕴藏着庞大而复杂的思维，会在某一时刻发出震撼人心的电光。这就是鬼子给我的第一印象。后来罗院长介绍，他是廖润柏（当时他还没有笔名），我马上脱口而出："您的中篇小说处女作《妈妈和她的衣袖》很有影响力啊。"我与鬼子因此马上有了共同的话题，相谈甚欢。最后鬼子告诉我们，他就要到桂林工作了，有时间到桂林时一定要去找他。当然，当时我也只是当他在说客气话，并不放在心上。后来鬼子陆续发表了不少优秀的作品，《被雨淋湿的河》还荣获第二届鲁迅文学奖，他本人也被誉为广西文坛的"三剑客"之一。

1993年，我调到南宁市工作。1999年9月，我到桂林参加广西麻醉学会的年会。我想起10年前鬼子的邀约，决定到桂林后争取去拜会这位老乡作家，但他会记得我吗？就算记得，他会接待我吗？我听说他一般不喜欢接待老乡的。去还是不去呢？我固有的自信在鼓动我——无论如何都得试试啊！到了桂林的第二天中午，我给鬼子打了个电话，他接电话得知是我后，脱口而出："你怎么这个时间来桂林呢？"我心想，他果然不想接待老乡。我回答："既然鬼子哥您没空，那就算了。"他说，他的意思是说我这个时间来不凑巧，他第二天有事要去北京，很遗憾不能陪我去游漓江了，只能晚上请我吃个饭，叫几个老乡作陪，但不能搞太久，8点半得结束，因为他得回去准备相关材料。啊，原来是这样，他并不是不想见我，我一下子觉得有点内疚，刚才是误会鬼子哥啦。当晚鬼子偕夫人前来，还邀请了3位在桂林工作的老乡，点了不少桂林的特色菜，上了桂林的名酒桂林高度三花酒（简称"高三"）。大家久不相见，相谈甚欢。我们边喝边聊，鬼子喝酒很少，但吸烟。聊着聊着不知不觉就过了10点，大大超过了原定的时间。

后来鬼子也调到南宁，在广西文联工作，也许是"物以类聚，人以群分"吧，我和他接触的机会多了，大家不时一起坐坐，喝茶、喝酒、聊天，很是开心。在我和鬼子深度接触后，我真正感受到鬼子是一名负责任、敢担当、乐于助人、心地善良的作家，而不像别人说的那样不好接触和交往。2008年底，我调任南宁市第四人民医院院长，需要求贤请教如何把这个医院管理好，我想到了鬼子。2009年3月，我请鬼子，还有著名作家东西（天峨县人）、凡一平（都安县人），著名戏剧作家常剑钧（罗城老乡）到四医院与医院班子成员座谈，让这些作家为医院的发展建设，特别在文化建设方面出谋划策。4位作家都给我们提出了很好的建议，特别是鬼子提出的"要寻找四医院在行业内的准确定位，要树立标杆，打造医院旗帜性人物，以点带面"对我们很有启发。我们后来也都采纳实施了，并取得了显著成效。

2010年5月，我还特别邀请鬼子走进四医院的"名家专家讲堂"，给全院的医务人员讲述他励志的个人成长史。鬼子告诉我们，其实，作家和医生有很多相似之处。在文学界还有个很有意思的现象，不少著名的文学大家都是先当医生后当作家的——在中国，“弃医从文”的有鲁迅、郭沫若、余华、毕淑敏等现当代作家；在世界文坛，许多有成就的作家当初从事的都是医生这个职业，如俄国大作家契诃夫、英国推理小说作家柯南·道尔、有“情爱文学大师”美誉的日本著名作家渡边淳一等。这是为什么呢？因为在传统上，不论西方、东方，医生都是社会上少数有学问而又与社会接触密切的人。医生由于职业需要，形成了善于剖析、思维细腻、观察力敏锐的特点，这也让许多弃医从文或亦医亦文的作家，拥有一支手术刀般犀利的笔。

2013年1月，四医院的抗艾先锋杜丽群荣获了医疗卫生系统行政最高奖励——白求恩奖章。这是广西首枚白求恩奖章。南宁市委、市政府和自治区党委先后做出了《开展向杜丽群同志学习活动的决定》。为了让杜丽群精神影响更多的人，医院党委决定邀请南宁本土作家谭小萍来为杜丽群撰写一部能翔实反映杜丽群及其团队先进事迹的长篇报告文学《绝地阳光》。这本16万字的作品完成后，广西师范大学出版社负责该书编辑工作的王布衣老师建议我请广西本土的著名作家来写个序。虽然我听说鬼子不会帮人写序，但我自恃和鬼子有老乡加兄弟的这层关系，还是试着帮谭小萍出面请求鬼子给这本书写了序。

鬼子写的序《好人杜丽群》中，有一段是这样写的：

四医院的院长吴锋耀是我的兄弟，他让我给他写一段文字，放在他们出版的一本书上，因为这本书，写的就是他们医院一个叫杜丽群的护士长如何关怀艾滋病病人的故事……昨天深夜，快12点的时候，我突然想起，刚刚评出来的第六届鲁迅文学奖的小说，有一篇我没有读完，其实我已经读过好几次，但哪一次都没有读完，于是，就硬着头皮接着上次停下的地方往下看。可没看几行，就被意外地抓住了，那小说原来竟是一个关怀艾滋病患者的故事。故事的主人公是一个城里的老太太，讲她如何关怀一个患有艾滋病的小男孩……无疑，评委们是被那个老太太的情怀感动了。而那个老太太的情怀不就是杜丽群的情怀吗？何况，杜丽群的情怀是现实的，那老太太的情怀只是存在于一篇虚构的小说里。比起那个获奖的小说来，杜丽群获得的白求恩奖章是不是要重要得多？……我甚至觉得，四医院把杜丽群的故事做成书，然后出版，然后让更多的人感受到杜丽群的温暖，这本身也是一种情怀。

后来我去桂林出差，专门到广西师范大学出版社拜会王布衣老师，感谢他为我们编辑出版了一本好书。王老师说："吴院长您真厉害，竟能请动鬼子写序，证明您真是鬼子的好兄弟！"

我认为，鬼子最后愿意为《绝地阳光》这本书写序，和我的关系不大。归根到底，他是一名有责任心、敢担当、乐于助人、心地善良的作家。

2018年8月，四医院艾滋病外科主任邓建宁荣获"白求恩式好医生"荣誉称号。8月17日，南宁市卫健委把首届"中国医师节"座谈会放到我们医院来开。8月30日，邓建宁去北京领奖回来后，我举行了一个小型座谈会，邀请广西的十多位著名的作家、教授、专家学者、媒体人研讨四医院出现的"先模群"（杜丽群、杨修凯、邓建宁）现象。鬼子欣然应邀参加了这次座谈会。据悉，类似的座谈会，鬼子一般是不会参加的，可见，他对四医院已经很有感情。

鬼子多次走进四医院，许多医生、护士也因此成了鬼子的"粉丝"。不少人告诉我，他们上网购买鬼子的《艰难的行走》《上午打瞌睡的女孩》《一根水做的绳子》等小说来看，受益匪浅。

我想，一位著名的作家能与一个传染病医院有如此紧密的联系，也是一个很有意思的现象吧。

何述强与四医院文化丛书

2013年1月，四医院杜丽群护士长荣获广西首枚白求恩奖章，这是卫生健康系统最高行政奖励。为了让杜丽群精神温暖和激励更多的人，我建议医院出资请一位作家来为杜丽群及其团队写一部长篇报告文学作品。我请教了时任广西作家协会秘书长的何述强，他向我推荐了南宁本土作家谭小萍来创作这部报告文学，这部报告文学取名《绝地阳光》。四医院在2014年12月1日（世界防治艾滋病宣传活动日）举行《绝地阳光》新书发布会。自治区党委宣传部的部门领导以及多名学者、作家、评论家出席了新书发布会。可以说《绝地阳光》是很成功的。不久，广西区党委宣传部与四医院共同合编了《大爱点亮生命》。此后，这两本书就作为医院文化品牌的“名片”，送给到四医院调研指导和参观学习的领导和同仁，并常常得到肯定和点赞。

2018年8月12日，为庆祝艾滋病外科邓建宁主任荣获中国第二届“白求恩式好医生”荣誉称号，四医院召开了一个座谈会，何述强、鬼子、南宁电视台主持人党军、广西大学刘洪教授、广西民族大学杨学明教授等应邀参加了座谈会。在会上，大家对四医院先后成功推出抗艾先锋杜丽群、精准扶贫优秀第一书记杨修凯和“白求恩式好医生”邓建宁三个先模人物发表了各自的见解及建议。何述强更是从文化层面去剖析四医院的文化现象，给了我们更大的启示。

2019年初，四医院顺利晋升三级甲等传染病医院，这是可以载入四医院史册的大事件，也需要做好总结。2019年又是中华人民共和国成立70周年，四医院建院60周年，还是四医院的文化展示年，10月18日至20日，中国白求恩精神教育基地在四医院揭牌，四医院还同时承办2019年中国医院协会传染病医院分会年会暨东盟传染病论坛。这一系列重要活动，需要做大量的准备工作。当然还必须展示点什么，我向医院党委建议拍摄一部建院60周年宣传片，办一台文艺晚会，出一本反映医院60年成果的书籍，以承载四医院的文化并向全社会宣扬。这些建议形成共识并得以通过。我把这些情况透露给我的老乡何述强，他当即建议我组织出版一套丛书。经医院党委研究，办公会讨论通过，决定撰写三本书。第一本是全院职工征文集《为生命站岗——讲述南宁市传染病医院的故事》，第二本是请广西本土作家撰写的反映艾滋病外科主任邓建宁以及整个医院抗艾团队故事的报告文学《向着生命的彼岸》，第三本是我本人撰写的个人从医感悟录《医路长行》。

何述强是我的罗城老乡，但原来我并不认识他。后来我认识何述强是因为我在罗城工作时的老领导——罗城县卫生局原副局长何伟。几年前他来南宁，我接待了这位老领导，也趁机请几位退休后在南宁居住的原罗城卫生系统的老同事小聚，老领导是何述强的七叔公，他把何述强也请来了。席间，这些老同事追忆以往的陈年旧事，畅谈罗城卫生和文化。我看见何述强坐在旁边，边听边拿个小本子记录着，我在想，这位老乡真够勤奋好学的，我和他聊了起来。可以说，我和何述强一见如故，相见恨晚。后来何述强有事先告辞，何局长向我介绍了他这位亲戚是如何勤奋、如何好学的。他当年考上河池师专（今河池学院），毕业后先在罗城县教育局和县人大办公室工作，后被调到河池学院，因为文笔出众，又从河池学院调到广西文联《南方文坛》杂志社任编辑部主任，后任广西作家协会秘书长。与何述强相识之后，我时不时邀请他或受他邀请，和鬼子、常剑钧等几位驻邕罗城籍的文化名人小聚聊天。他还给我赠送了他的3本著作：《隔岸灯火》《山梦为本》《凤兮仫佬》。我也因此才开始关注并喜欢上散文和诗歌。

在往后频繁的相互交往中，我对鬼子、常剑钧和何述强这些作家有了更深入的了解，感觉到从事文学创作是很不容易的。何述强对我的工作履历，对我在学习和生活中所产生的感悟，对我所取得的一点点小成就给予充分的肯定。早在几年前他就以作家的眼光，建议我写一本书，写从医30多年的感悟。他当时还给我提供了一个书名《人生二十叶》，意思是撷取人生中的二十个转折点，好好去思考、去写作、去探究其中的人生况味。他引用了不知是谁说过的一句话，轻轻地敲击着我："只有你身体抵达的地方，才是你的世界；只有你灵魂纠缠过的人，才是你的历史。"

潘琦先生用"三尖"（山头尖、筷头尖、笔头尖）来形容仫佬山乡的人文及自然景观，"山头尖"讲的是山峰秀美峻拔的自然风光，"筷头尖"讲的是仫佬族人心灵手巧，"笔头尖"讲的是仫佬山乡有浓厚的读书风气、仫佬族人有尚学的优良品质，因此，仫佬族人文化水平高，多出文人。何述强是代表人物之一。

2019年7月11日的《河池日报》中"文化河池"整版刊登了

编剧、作家王布衣老师的文章《从丹霞的旷野到五山的月夜——罗城人何述强印象》，2019年7月18日的《新河池》（河池第一手机媒体）刊登了莫生埌的文章《风起南楼，云涌丹霞——写在河池学院南楼丹霞文学社成立二十二周年之际》。从这两篇文章可以看得出何述强这位令人尊敬的文化守护者对文学的执着追求——以文为荣，以文为乐。他所创办的南楼丹霞文学社始终坚守边缘崛起的文化自觉，始终坚守扎根民间的文化立场，始终坚守纯粹本真的文学理念，始终坚守共同取暖的文学氛围。以文学的名义，煮酒论诗，围炉论文，激荡思想火花，使文学人才不断涌现，文学交流异彩纷呈。

我在网上搜索，看到百度百科是这样介绍何述强的："何述强被誉为仫佬族散文三杰之一，他的散文独具生命个性的意象群；小说叙事技巧的巧妙运用，使故事生动地穿插于散文思绪之间；精雕细刻的语言描写及情感波澜中静中有动的和谐的叙述节奏等，使其散文整体呈现冬日暖阳般的情调，精致、温馨而持久。"

这就是何述强，一个纯粹的读书人，心里有一簇"古典的火焰"，骨子里潜藏着诗意和文化。这是我所认识的文化人何述强，这也是何述强与四医院文化丛书的故事。

特聘残疾青年音乐人才黄卓鹏

2018年10月上旬，国庆节假期刚过，院工会、党办、院办几个部门联合提出一个好建议：在艾滋病临床治疗中心综合大楼（5号楼）的一楼大厅开设一个七彩之声音乐角，邀请一些会弹奏钢琴或其他乐器的志愿者，每天上午和下午的一个时段在四医院的音乐角弹奏钢琴或其他乐器，目的是让一曲曲悦耳动听的乐曲舒缓病人及陪同亲属焦虑不安的情绪，提升病人配合治疗的积极性和信心，也为等候就诊的病人及陪同亲属营造一个充满关怀、温暖的就医环境。医院党委采纳了这个好建议，认为这是四医院积极弘扬医学人文的一项重要举措。

号召发出后，本院的青年职工立即响应，周边的中小学老师也积极参加，就连医院对面的广西艺术学校长堽校区的老师和学生也来了。刚开始，每天上午9点至11点、下午3点至5点这两个时间段，5号楼一楼大厅就会响起悠扬优美的钢琴声，很是动听。但由于很难约到固定的志愿者，能约到的志愿者的时间也不固定，因此，大厅的钢琴声断断续续。我建议工会副主席燕潇请党委副书记、纪委书记熊燕帮忙出主意。熊燕书记建议到周边艺术学校去找志愿者，她请院办开出了介绍公函后，和燕潇到医院周边的广西艺术学校长堽校区和南宁艺炫艺术学校找校领导，请求他们推荐优秀的老师或者学生来四医院担任钢琴弹奏志愿者。广西艺术学校长堽校区的陆副校长是位很有爱心的热心人、有心人，他向我们推荐了有音乐特长但身有残疾的毕业学生黄卓鹏，并发了很多张黄卓鹏参加比赛和跟央视主持人同台的照片给熊书记和燕潇。她俩商量后决定邀请黄卓鹏作为四医院七彩之声音乐角的固定弹琴志愿者。

2018年11月7日下午3点多，我在1号楼（综合楼）内科病房巡查病人后返回办公室，刚到5号楼一楼大厅前，就听到了悠扬优美的钢琴声和动听的歌声。我走进大厅，看到七彩音乐角的钢琴前正坐着一位帅哥在边弹边唱，旁边围着五六个人。我走过去，工会主席燕潇向我介绍了在场的南宁市第十九中学的耿老师和广西艺术学校的韦老师，还说广西艺术学校长堽校区的陆副校长向我们推荐了一名优秀的弹唱志愿者，也就是正在弹琴的帅哥。韦老师说这可是一个特殊的音乐天才，是广西艺术学校培养的特殊学生，能弹能唱。工会主席燕潇还介绍了弹琴者的母亲杨坚华女士。我们打过招呼后，杨女士就向我介绍了这位小伙子的情况：他叫黄卓鹏，22岁，2014年毕业于广西艺术学校音乐专业。他刚满11个月时，就在一次突发的高烧、抽搐、昏迷中，被医院诊断为病毒性脑膜炎，这是一种严重的疾病，经医生全力救治，虽保住了他的性命，但仍留下了终身残疾——右侧偏瘫，智力低下。虽然当时孩子父亲的收入不高，但母亲杨女士还是毅然地辞掉了工作，留在家里专门帮助儿子进行年复一年的康复锻炼，十几年从不气馁、不放弃。后来在不断的康复培训学习中，杨女士及家人发现了这孩子在音乐方面的天赋，便鼓起勇气让孩子去广西艺术学校学习音乐，在经历了求学的无数磨难，战胜了常人无法想象的困难和精神压力之后，最终成就了今天这个身体虽然残疾，心灵却积极阳光的音乐男孩。这位身残志坚的男孩告诉我们：当上帝关闭了一扇门，一定也会对你开放一扇窗。

杨女士接着还骄傲地向我们介绍，她儿子黄卓鹏曾参加2014年中央电视台《向幸福出发》节目；2015年参加山东电视台《我是大明星》节目引起轰动，参加浙江卫视《中国梦想秀》第九季节目，获得八百多万人的点赞；2016年参加中央电视台《回声嘹亮》获得冠军；2017年又参加中央电视台《我要上春晚》节目，得到了郁钧剑老师的赏识，收他为徒。同时他也得到了著名主持人董卿老师的赞赏，投给他关键一票，使他直接晋级《直通春晚》。听了黄卓鹏妈妈的介绍，我的内心一阵感动，心里想：这可是正常人都难以实现的目标啊！

当黄卓鹏结束弹唱走下来时，我看到了一个阳光青年。他有着天生细腻而白皙的皮肤，当然还有发育成熟的青年的壮硕，1.7米上下的身高，漆黑的头发，宽大的脸庞总露出欢喜的笑颜。他跛行、右手不能抓握（右侧偏瘫），说话语调缓慢而浑厚，一字一顿。听说我是院长后，他再次走到钢琴前，单手（右手瘫痪）弹奏了一首《向天再借五百年》，他弹出那些如百灵鸟振翼而飞的音符，令人惊叹他的身上有无穷的音乐细胞，能将人带到一个无限愉悦的想象空间。看着黄卓鹏弹奏，我的内心无比感叹：如此坚强的青年，我要提议把他特别招聘为四医院的特殊职工，作为七彩之声音乐角的专职钢琴弹奏师——招聘残疾人也是政策允许并鼓励的啊。第二天上午正好是四医院每周召开医院办公会的时间，我说明了我的想法，先征求院班子领导成员的意见，得到各位领导的赞同后，我请人事部门做了议题递交到办公会研究。在办公会上，大家一致同意将黄卓鹏特别招聘为四医院的特殊编外职工，发放工资，办理五险，只要求他每天上午和下午各弹琴一个半小时左右即可，同时随时可以代表四医院外出演出。当我把医院的这个决定告诉黄卓鹏的母亲杨女士时，她激动得差点说不出话来，她说本来儿子只是来做弹奏钢琴的志愿者，从来也没有想到能被招聘为四医院的职工：“我一定叫鹏鹏努力工作，尽心弹琴，通过弹唱来‘为生命站岗’！”在黄卓鹏正式成为四医院七彩音乐角的专职钢琴弹唱人员后，5号楼一楼大厅每天都响起悠扬优美的钢琴声，有时还传来动人的歌声。七彩音乐角已经成为医院一道独特的风景线，得到所有来到四医院的病人及来访者的点赞，大家都说没有想到医院也有钢琴弹奏，以为自己是到了高级饭店的大堂呢。

四医院设立音乐角的初衷是希望人们在面对疾病的挑战时能够坦然，积极配合治疗，早日痊愈，不断提升生活品质。而四医院特聘职工黄卓鹏的心愿是通过音乐与歌声把快乐和信心带给更多的人，他这个意愿正好与我们医院对医学人文的要求高度契合！

广西第一枚南丁格尔奖章

2015年5月12日，国际红十字会官方网站公布了2015年第45届南丁格尔奖章获得者名单，这次全球共有18个国家的36名护理人员获此殊荣，南宁市第四人民医院艾滋病科护士长杜丽群是5名中国获奖者中的一位。

南丁格尔奖章是由国际红十字会授予的护理界最高荣誉奖项，南宁市第四人民医院艾滋病科护士长杜丽群成为广西首位南丁格尔奖章获得者，这是广西护理界杰出人士的第一次登顶。作为广西第一位艾滋病科护士长，杜丽群在传染病护理岗位上辛勤工作30多年，为艾滋病患者专职服务超过13年，参与或指导护理的艾滋病患者数以万计。她敢为人先，视患如亲，精心护理浑身长满水疱的重症患者，用爱心感化手持利刃的病人；她规范职业暴露防护，成为广西医学护理界的典范；她像家人一样照顾艾滋病患者，是病人们的知心大姐；她领导创立的护理团队，在广西艾滋病治疗护理零基础上探索出全新的护理经验；她足迹遍布百色、东兰、凭祥等广西老少边穷地区，通过在各地举办讲座、开展义诊、接受媒体访谈、开通微博、组织艾滋病患者户外联谊等活动，竭力推动防艾抗艾公益宣传，使10万余群众受益。杜丽群的感人事迹引起媒体和社会的普遍关注，新华社、《人民日报》、中央电视台等国家级媒体和广西地方媒体连续推出杜丽群专题报道。杜丽群先后获得艾滋病国际治疗倡导联盟（中国区）颁发的“精忠奖”（第二届）、全国五一劳动奖章和全国卫生系统最高荣誉——白求恩奖章；获得全国先进工作者（全国劳动模范）、全国民族团结进步模范个人、全国医药卫生系统创先争优活动先进个人、全国医德楷模、全国三八红旗手、最美奋斗者等荣誉称号；入选“中国好人榜”等，共50多个奖项。

我心中的杜丽群情怀

“你无法延长生命的长度，却可以把握它的宽度；无法预知生命的外延，却可以丰富它的内涵；无法把握生命的量，却可以提升它的质。”法国文学家托马斯·布朗爵士这段富有哲理的名言揭示了人们对生命价值的追求。一个人生命的厚度是多少？该如何去衡量？到南宁市第四人民医院担任院长，我认识了杜丽群，认识了这群从事传染病防治、抗击艾滋病的英勇战士。在谈“艾”色变的今天，在艾滋病防控形势仍然严峻的现在，他们坚守在抗击艾滋病的一线，任劳任怨、恪尽职守。在这场没有硝烟的战役中，我深深体会到传染病防控事业的艰辛和伟大。也是从那时候起，感动的瞬间时常在我的工作和生活中上演。杜丽群就是这个平凡而光荣的团队中具有代表性的一员，她十年如一日，每天都在一线护理艾滋病患者，给予绝望的他们最好的护理治疗和人文关怀。她毫无怨言，从来没有向组织提过任何要求，用自己的爱心和责任心去呵护每一个艾滋病患者。在她的感召下，四医院的艾滋病医疗护理团队不断壮大并稳定，如今艾滋病科已成为四医院的一个先进品牌，成为广西卫生行业的一面旗帜。由于成绩突出，四医院艾滋病科先后荣获南宁市优质护理服务先进病房、南宁市先进集体、南宁市三八红旗集体、广西红十字会优秀志愿服务队等称号，2012年、2013年连续两年被评为全国艾滋病防治工作先进集体，2013年底被广西壮族自治区人力资源和社会保障厅、广西壮族自治区卫生厅授予集体二等功表彰。

南丁格尔奖的启发

杜丽群是南宁市第四人民医院创先争优活动中开出的灿烂之花，此次荣获广西首枚南丁格尔奖章，不仅代表着医院推出的先进典型走向全国、走向世界，更代表着传染病医院的工作得到了各级党委、政府及各界人士的高度认可，医院文化建设成绩斐然，喜结硕果。

先进典型的培育是医院文化工作的重要内容，是弘扬医院精神的有效手段，也是宣传医院文化的突破口和切入点。在实际工作中，四医院倡导依靠先进文化的功能、手段和力量去管理医院，使广大医务人员认同医院的文化环境和价值观念，在行动上自觉遵守和奉行医院文化的基本信念和行为准则，不断提高医院竞争能力，更好地为病人提供优质高效的服务。对于一个医院来讲，医院文化水平高低是医院整体素质高低的一个重要标志，决定着医院的兴衰。充分认识到加强文化建设的重要性与紧迫性，医院与时俱进地提出了用先进文化教育人、塑造人、鼓舞人，用高尚医德约束人、引导人、激励人的工作思路，强化文化优势、竞争优势和发展优势，突出先进典型的文化引领作用，使医院发展的活力在团结协作、争当模范、比学赶超中竞相绽放。近年来，医院着力在先进典型发现、培育和宣传工作中积极探索、塑造特色文化品牌，切实把先进典型的培育、宣传、学习作为围绕大局、服务患者、提升医院文化整体水平的有效手段，用先进典型文化引领一批反映时代精神、体现时代价值的杜丽群式的先进典型人物和集体。

南丁格尔精神的传承

红十字不仅是一种精神，更是一面旗帜，指引着无数的白衣天使成为继承这项崇高而伟大的事业的执旗之人。南丁格尔精神、医者仁心、大医精诚这些医学职业精神，在医患关系显得紧张的今天，尤其需要我们广大医务人员去弘扬和传承。

随着近年来媒体的不断曝光，由医患纠纷引发的群体性事件、暴力性案件时有发生，且恶性程度不断提高。作为传染病医院的院长，我不禁思考：如何在医院文化建设中传承医疗卫生工作者的职业操守和救死扶伤的职业信仰，用文化构建一个和谐的医患环境，从根本上杜绝医患纠纷的发生。特别是传染病患者，面临身体疾患和精神压力的双重压迫，他们比普通患者更需要关注。在治愈他们身体疾患的同时，还要带给他们精神的慰藉，让他们得以回归社会。这不仅仅需要高超的医疗技术。

先进典型不能止步于培育和推出，更重要的是要实现其精神文化的传承。作为传染病医院，面对严峻的传染病防控形势以及职业暴露的高度风险，必须打造一支结构合理、技术精良、勇于担当、无私奉献的传染病防治队伍，担当起传染病防控事业的重任。这支队伍要具有忠于传染病防治事业的品质，同时要用奉献精神来武装，在突发传染性疫情袭来时，才能做人民和政府强有力的盾牌。在推出先进典型后，医院不断提炼和沉淀精神文化，充分发挥先进典型的辐射和引领作用，深入扎实地开展“向身边楷模学习”的活动，比先进、争上游、比贡献、促发展的氛围日益浓厚，互相学习、共同进步、争当先进的良好氛围逐渐形成。

贫困村优秀第一书记的成长之路

2017年11月，四医院人事科科长、贫困村党组织第一书记杨修凯被南宁市委组织部任命为南宁市纪律检查委员会派驻南宁市卫生计生委纪检组组长、党组成员。她是从事业单位科级干部直接被破格提拔为处级领导干部的，也是南宁市400多名贫困村党组织第一书记中唯一得到破格提拔的干部。听到这个消息，可以说除了杨修凯本人，最高兴的人就属兰江书记和我了，因为这是从我们医院直接培养出来的处级干部啊！我心中的喜悦和兴奋无以言表，多年前的往事一下子涌现在眼前。

2008年底，我到南宁市第四人民医院任院长，为了加强对外联络，拓展医疗市场，在我的提议下，医院决定成立对外联络部。2010年5月，杨修凯从超声功能科调到医院对外联络部任干事。到对外联络部后，杨修凯努力工作，积极外联，工作取得了很好的成效，医院很快就与市内兄弟医院及周边的县级医院、卫生院建立了良好的关系，这初步显示了她较强的组织能力和协调能力。2010年10月，院党委决定举行建院50周年庆祝活动，成立了院庆办公室，我和兰江书记同时想到了杨修凯，向党委提议由杨修凯出任院庆办常务副主任，负责院庆的一些重要项目的筹备工作。在筹备院庆的这一年里，杨修凯更加充分地展示了她的组织能力、领导能力、统筹能力、外交协调能力，她出色地完成了医院交给她的各项艰巨的工作任务。她的工作能力和为院庆做出的重要贡献得到了大家的一致认可。医院进行院庆总结表彰，她荣获最高奖项“突出贡献奖”。2011年11月，杨修凯被提拔为医院办公室副主任。为了进一步培养一批年轻干部，2012年10月，医院决定派3名干部到自治区卫生厅挂职锻炼，其中，杨修凯被抽调到卫生厅的医政医管处挂职锻炼。本来为期一年的挂职，因她的表现特别优秀，被一延再延，她挂职了一年零八个月才返回医院。挂职锻炼后杨修凯较之前更成熟了。2013年，医院再次提拔重用她，任命她为人事科科长，目的是让她多岗位锻炼。在这个岗位上，她的表现同样得到了领导和同事们的称赞和肯定。

2015年10月，上级要求四医院派一名干部到邕宁区百济镇新平村担任贫困村党组织第一书记。杨修凯毫不犹豫地报名要求去扶贫，当时她的女儿才3岁多，正是需要妈妈陪伴的关键时期。我说：“你行不行啊，小孩这么小？”她说：“能克服的，再说，这次的扶贫工作任务相当艰巨，工作难度很大，我是人事科科长，我去更合适。我会完成好任务的，请领导放心。”听了她的这番话，我还是隐隐有点担心。我是从农村出来的，知道在农村生活的艰苦，说实在的，她一个在城市里长大的女同志下乡任第一书记，我还真有点不放心，并且心疼啊。但党委班子见杨修凯有如此大的决心，也就同意她的“请战”了，并决定要举全院之力支持她的工作，坚决打好这场脱贫攻坚战。

记得她出发的时候，轻轻地问了我一句：“院长有什么需要交代的吗？”我微微一笑说：“对老百姓好点，别怕，在任何岗位上只要你用心、用情、有爱地去工作，就没有攻克不了的难关，医院永远是你坚强的后盾和‘娘家’。”没想到我简单的告别语产生了不简单的效果，杨修凯在扶贫过程中把用心、用情、有爱（大爱）发挥到了极致。果然，她不负众望，高效卓越地开展扶贫工作，不到两年时间就使新平村提前脱贫摘帽了。

我们每次到村里探望，杨修凯带给我们的都是阳光的笑容和意外的收获。她带着我们一起挽起裤脚下田收获她自己种的绿色水稻，带着我们看望她领养的三个孤儿，带着我们满山观看经过努力打造的千亩柑橘种植示范园和返乡青年创业奶水牛养殖基地等。一路上，所见村里百姓都和她热情地打招呼：“杨书记好！”“杨书记吃饭了吗？”作为杨修凯的领导和长辈，我能从她黝黑的皮肤和疲倦的神情里感受到她的付出和艰辛。有时候我也在想，到底是我教育培养了她，还是她启发了我。

她的先进事迹引起了各级领导的关注，经《中国妇女报》记者的深度采访和连续报道，经中央电视台的《对话》栏目宣传之后，感动了亿万读者和观众。《中国妇女报》编辑部评出“2017年十大女性人物”，杨修凯榜上有名。她还被中国妇联、中央电视台共同推选为2018年时代女性榜样，亮相中央电视台《花开中国——CCTV时代女性盛典》，引起巨大反响。同时，她还荣获“2016—2017年度全区优秀贫困村党组织第一书记”称号和“2016—2017年度全区脱贫攻坚先进个人贡献奖”。

“风生水起才知天高云淡，沧海横流方显英雄本色。”在脱贫攻坚岗位上，杨修凯创先争优不止步，以“扶真贫，真扶贫”的实际行动，把党的温暖送到贫困群众心坎上，谱写了新时代党群鱼水情的新篇章，诠释了共产党员不忘初心、全心全意为人民服务的高尚情怀，成了全面建成小康社会征程中精准扶贫战线“最可爱的人”。

这就是一个贫困村优秀第一书记的成长之路。

艾滋病外科医生邓建宁

2018年8月30日上午，在北京国家会议中心，四医院艾滋病外科主任邓建宁副主任医师走上主席台，接受白求恩精神研究会、中国医师协会共同颁发的第二届“白求恩式好医生”证书。这次全国共有81名优秀医生获此殊荣，广西仅3名。这个荣誉对邓建宁来说应该是实至名归。邓建宁主任的获奖把我的思绪拉回到10年前：

2009年，随着艾滋病病人的日益增多，四医院的艾滋病病区由一个扩增至两个后，病房还是人满为患，需要进行外科手术治疗的病人也开始出现。把需要做手术的艾滋病病人和普通非传染病外科病人放在一个综合外科病区显然不妥，而把做手术的艾滋病病人放到艾滋病科病区（内科性质）但没有外科医生照护又可能会出现安全问题。因此，组建一个专门从事艾滋病病人手术的艾滋病外科团队来解决一系列外科相关医疗护理问题和加强对艾滋病合并外科疾病病人的专门归口管理已经是迫在眉睫。要组建新的科室，首先要选好学科带头人，而这个艾滋病外科带头人选谁呢？谁又愿意来做这个具有极大风险和挑战的学科带头人？

2012年初，为组建艾滋病外科，我下到科室进行调研，在艾滋病科一病区、二病区（艾滋病内科住院病房）我了解到，平时这个科室的医护人员遇到一些与外科有关的问题，如淋巴结活检，一些小伤口的处理等，大家都喜欢请外科的邓建宁医生帮忙，因为他从不拒绝。我想，邓建宁应该是艾滋病外科带头人的合适人选。我找邓建宁谈，想请他当艾滋病外科的学科带头人，担任准备成立的艾滋病外科主任。他二话不说，爽快地答应了，只是担心他能力有限做不好工作，辜负了医院领导的期望。我鼓励他说："你行的，再说还有外科大主任做后盾，我们还有首府区域优势，各家三甲综合医院的外科大专家都会成为我们的技术顾问，遇到困难你可以求助外科大主任和院外的大专家。"

2012年8月6日，艾滋病外科病区（感染科三病区）正式独立开科。七年多来，邓建宁主任和他的医务团队先后收治照护艾滋病外科疾病患者6000多人，而邓建宁主刀和参与艾滋病病人外科手术共3000多例。

邓建宁告诉我，艾滋病外科手术最大的风险是职业暴露。骨科手术暴露风险最高，术中需要使用高动力电动工具如锐利的钻头、克氏针、电锯。而妇产科医师、泌尿外科医师还会接触到高压的带血羊水、尿液……因此做艾滋病病人手术时穿的手术服与普通手术服不同，是分体式或连体式防水衣，因为是防水面料制作的，所以密不透气。另外，手套需要戴两层，要戴帽子、N95口罩，还要戴防护眼镜或面屏面罩。这一整套装备使医生在做手术时变得有些笨拙，往往一场手术下来就是一身大汗。手术完成后，每一位参与手术的医护人员的衣服都会被汗水浸透，甚至能拧出水来。

尽管每位外科医生都经过了严格的院感控制和预防职业暴露培训，但在手术中仍然时不时有意外事件发生，职业暴露不可避免。邓建宁和他的同伴都曾在手术中有过至少一次职业暴露，他自己曾经在手术过程中被手术刀划伤过一次，被缝针刺伤两次。面对职业暴露，邓建宁的经验是：冷静！不怕疼！反复挤压甚至再划一刀扩口放血，流动清水冲洗，用消毒的三步骤规范处理伤口，进行暴露风险和级别评估。在第一时间服用抗病毒药预防，这样就可以预防感染。历年来，四医院艾滋病职业暴露的医务人员经伤口处理后再服用抗病毒药预防，一直保持着零感染的纪录，我也希望此纪录永远地保持下去。

艾滋病外科成立七年来，邓建宁以身作则、严于律己、无私奉献，对科室进行科学和创新管理，使艾滋病外科的科室发展成为一个人员素质整齐、团结协作、奋进向上的医疗护理团队。近七年来，邓建宁率领全科医护人员努力钻研业务，巩固医学基础理论，提高临床操作技能，在艾滋病外科相关疾病的诊治中积累了丰富的临床经验。他积极倡导多学科协作模式，为患者制订个体化的综合治疗方案。他组建了7个专业工作小组，要求“人人有特长，个个练绝活”，把感染外科逐渐发展成了具有诊治特殊感染能力和外科专长的特色专科。这是一个特殊的团体，是艾滋病防治战线中的特种部队和特种兵，而邓建宁是杰出的指挥官。

有了艾滋病外科病区，艾滋病合并外科疾病患者的住院难题得到缓解，也使我们这个自治区级艾滋病临床治疗中心成为拥有艾滋病内科、艾滋病外科、艾滋病妇产科、艾滋病中医科、艾滋病介入诊疗、传染病重症医学科、血液净化科、预防保健科、检验科及其他临床医技科室，学科齐全，有规模、有雄厚实力的自治区级艾滋病临床治疗中心。

邓建宁常说：“外科医生之乐，不仅在于手到病除，为患者解脱痛苦，还在于它既是一门技术，又是一门艺术、一门哲学，达到此境界才算是成熟的外科医生。”这大约就是前人说的“技可进乎道，艺可通乎神”吧！一位优秀的外科医生必须有谦虚谨慎、精益求精的品格，没有最好只有更好，迈上更高的境界还要靠独到的创意和不断的革新。

这就是艾滋病外科医生邓建宁，一个同行认可、病患喜欢的“白求恩式好医生”。

谢谢兰江书记

我于2008年底到四医院任院长，到2019年，转眼11个年头过去了。这11年四医院坚持党的领导，加强党的建设，以党建引领医院的各项工作，确立了传染病医院的核心价值观——“为生命站岗”。11年坚持做三件事：坚持政治站位，打造文化品牌；坚持自身特点，培育先模品牌；坚持又红又专，筑起技术品牌。四医院取得了辉煌的业绩，成为广西艾滋病临床治疗中心、广西医科大学附属传染病医院，成功晋升三级甲等专科医院。我们之所以能取得如此骄人的成就，除各级党委、政府的正确领导，各级卫生行政部门的大力支持、全院职工的努力拼搏外，很重要的是我们有一个团结奋进的强有力的班子，还有一位好的班长——我的好领导、好搭档兰江书记。我认为，我很幸运，能和兰江书记这样的好领导、好搭档、好兄长一起走过医院这辉煌的11年历程。

兰江书记是高我一届的师兄（他是右江民族医学院1977级学生，我是1978级学生），他是2004年从南宁市第一人民医院（大型综合三甲医院）调任四医院党委书记的，并代理院长近4年时间，在异常复杂的情况下带领四医院平稳地渡过难关，为今后这11年的发展奠定了扎实的基础。

兰江书记中等身材，眉眼周正，时时面带微笑，一副宽边眼镜后透着睿智的目光，待人和善亲切，为人光明磊落。

刚到四医院任职，我对传染病防治方面不怎么熟悉，心里不免有些着急，兰书记就安慰我，不用着急，他刚来时也是一样的不熟悉，慢慢地就适应了。兰书记先带我走访各部门各科室，同时建议我与其他院领导、中层干部谈心谈话、双向沟通，尽快地熟悉情况。我俩也达成共识，在党委领导下各负其责，党委的事由书记牵头，行政的事由院长牵头，需要研究的事项，会前党政一把手一定事先沟通好，统一思想和意见，如果意见不一就暂缓上会。医院党委的坚强领导带出一个站位高、讲政治、讲大局、团结奋进的四医院领导班子，打造出一支为生命站岗、勇于担当、甘于奉献的传染病防治队伍。

万事开头难。刚到四医院时，医院的状况真的不怎么理想，特别是对职能部门主任、科长们的能力和执行力，我总是不大满意，几乎每天早上行政交班时都会有人被我狠狠地公开批评甚至严厉训斥，搞得大家一到交班或开职能科室会议时就很紧张，生怕一不小心就轮到自己被批评或训斥。有一天，兰书记到我办公室和我说，希望我注意工作方法，多发现大家做得好的地方并公开给予表扬，做得不好的尽量私下批评，少公开批评或训斥人，至少不要在周一和周五早上批评和训斥人。我问为什么。兰书记说："周一早上就批评人，让人家一周都不舒服。周五早上训斥人，让人家一个周末不舒服。"我回答："我听您的，争取不公开批评和训斥人。"当然，我的性格依然没有大的改变，依然常常公开批评和训斥人，而我每批评和训斥一个人后，兰书记就帮我做安抚和善后工作，帮我说好话，请求大家的理解和谅解。当然我也只是批评身边的职能部门领导，对临床科主任和护士长，我是基本不公开批评的，甚至对他们爱护有加。我这样做，其实也是针对医院的薄弱环节，试图改善医院的状况。

和兰江书记搭档11个年头了，他常常关起门来提醒我应该这样、不应该那样，但我俩从来未在公开场合争吵或发表针锋相对的言论。像兰江书记这样的好领导、好搭档去哪里找啊，我运气真好！

谢谢兰江书记！这是我写这篇文章时内心涌出的真实话语。

抗击新冠肺炎疫情的桥头堡——发热门诊

人类自诞生以来就受到各种传染病的困扰，可以说，人类发展史也是一部人类与传染病做斗争的历史。

近20年来，因病毒性呼吸道传染病引起的疫情时有发生，引起社会恐慌，给人类的经济发展、日常生活、身心健康带来了极大的危害。呼吸道传染病具有传播速度快、传播途径多、传染性强、人群普遍易感等特点。由于人类对新发呼吸道传染病尚缺乏足够认识，尚未找到特异性预防治疗方法，所以对于呼吸道传染病的爆发和流行往往较难控制。2003年的非典（SARS）、2005年以后爆发的人感染高致病性禽流感、2009年的甲型H1N1流感、2015年的中东呼吸综合征（MERS），都一度让人谈之色变。2020年1月，新冠肺炎病毒又掀起了面向人类的战争。

发热门诊：疫情防控的桥头堡

如果说医疗系统是人类进行传染病疫情防控的“第一道防线”，那么我国医院广泛开设的发热门诊就是抗击疫情的桥头堡。守住了发热门诊这个桥头堡，就有希望把疫情扼杀在萌芽状态，避免病毒肆虐。自2003年抗击非典以来，四医院的发热门诊在每次传染病疫情抗击中都起到了不可替代的作用。

新冠肺炎疫情发生后，四医院进行了大型应急处置演练，涉及10个科室120余名医务人员，分4个场景按照实际接诊要求开展演练，最前沿的演练就是对发热病人的预检分诊。

原先四医院发热门诊的预检分诊处是设在距离医院门口约一百米的急诊大楼大厅，为了让发热患者更快更安全地到达发热门诊，必须把预检分诊哨点关口前移。2020年1月23日，我让后勤部门紧急调度，在医院大门口临时搭建了一个大帐篷做预检分诊点——同事们称其为“帐篷诊室”。进入医院的求诊者都先要在此测量体温。这里更大的职能是为发热病人提供初步咨询，做好流行病学调查，根据情况分流病人，将普通发热病人和新冠肺炎疑似病人分区诊治，目的就是为了避免院内交叉感染。同时，将原先与发热门诊同在综合门诊楼的妇产科门诊和预防保健科搬到了医院对面的社区卫生服务中心。

发热门诊的预检分诊工作具体怎么实施？网上有段子说：对每个就诊者，“白衣天使”以三个哲学难题来拷问灵魂：你是谁？从哪里来？要到哪里去？然后深情地给你一枪，看你是不是头脑发热了。

其实，预检分诊工作远没有那么简单。平常的时候，预检分诊的工作还可以交给年轻护士去做。新冠肺炎疫情暴发后，正确导医、分流成为重中之重，马虎不得。为加强工作，医院在前移的预检分诊点增设人员，在常规的原有一名护士的基础上，再增加一名医生和一名护士，并安排有经验的资深护士严格按程序引导疑似病人规范就诊，转运确诊病人至隔离病区，每个感控环节都从严把控。护士登记病人信息及采集流行病学史后，医生再进行病史采集、鉴别评估，对极其重要的流行病学史务必把好关。

例如，有些来看肺结核或者普通感冒的病人，有发热、咳嗽症状，胸部CT提示大量渗出性病灶，淋巴细胞偏低，就要指引他到发热门诊进一步检查，以防漏诊。

重新布局发热门诊后，我需要物色一名能力强的负责人去统筹各项工作。方跃平成了不二人选。她在17年前是抗击非典的年轻骨干，几年前是抗击甲流疫情的中坚力量，现在已经是综合科大科护士长。她果真没有辜负大家的期望，很出色地完成了任务。

在大会小会上，我都再三强调：关键在细节，成败看感控。预检分诊点虽然是临时搭建，但对于每一步流程，每个预检分诊员心里都要有一张“活地图”。他们带着病人穿行于医院发热门诊、影像科、隔离病区，像是穿越隐形的通道，必须如履薄冰，时时谨慎。

2020年1月底开始，四医院发热门诊每天接诊数十人，峰值的时候达到300人。值班医生和护士24小时轮班在岗。截至3月2日，发热门诊共接诊2330多人次。

有时治愈，常常帮助，总是安慰

陌生的事物常常使人们陷入恐慌。

发热门诊是疫情防控最前线，更容易感受到民众面对疫情时最直接的情绪反应。有不少就诊者没有流行病学史，但稍有不适就匆忙求诊。尽管天气转暖，依然有患者裹得严严实实，像个“装在套子里的人”一样出现在帐篷诊室。因此，做好就诊者的人文关怀和心理疏导工作就尤为重要。

对于新冠肺炎确诊病人，目前没有特效药可用，而有效的安慰则好似给病人吃了定心丸，能够提高他们的机体免疫力，更有效战胜病毒。对于因疫情恐慌的普通患者，心理辅导则能“药到病除”。

其实，需要安慰的不仅仅是患者，还有我们的医务人员。脱下防护服，医务人员也是父母的掌上明珠，也是家庭的顶梁之柱。凡人之躯自然有平常人的忧虑，他们同样也会担心感染了病毒累及家人。我能做的，唯有及时关心、嘘寒问暖，尽量让大家没有后顾之忧。

可歌可泣排头兵

在发热门诊，不乏可歌可泣的故事。

年长者看重的春节、元宵节，年轻人看重的情人节，都集中在疫情期间。在这样重要的节日里，发热门诊的医护人员仍然坚守抗疫一线。

除夕之夜，方跃平护士长忙于为病人安排床位，快九点了才想起儿子的吃饭问题。

何华伟医生说："事情总得有人去做，只是刚好轮到我们这一辈——我们以此为荣。"他长年从事艾滋病临床工作，对于大众避之唯恐不及的传染病早已能淡然看待。

彭小珊护士在朋友圈说："我们也是普通人，我们也会生病，我们也会害怕，但是当我们穿上那件白大褂时，只剩下一股冲劲了！"

即将退休的甘丽护士说："工作最后一年，能做一点是一点。遇到这个特殊的疫情，决不能掉链子，一定要把每个环节都做好。"同样即将退休的还有黄柳英护士。这些为医院默默奉献多年的元老，都是招之即来，来之能战，抱着必胜的决心毅然坚守。

为生命站岗

当初把帐篷诊室选定在医院大门口，我还有一个用意，它背后正是"为生命站岗"石碑。"为生命站岗"是四医院的核心价值观，“为生命站岗”石碑是有着深远意义的地标。“为生命站岗”石碑通过媒体报道一次次出现在大众面前，四医院的决心和信念会在大家的心里扎下根。

疫情开始后，我每天白天忙完各种事务之后，晚上都会在全院范围巡一遍夜，查漏补缺，才安心回去休息。每次路过发热门诊的帐篷诊室，我都会过去和他们打招呼。以至于他们开玩笑说，疫情期间看见院长的次数比见自己爹妈还多。

我喜欢远远看着他们在帐篷里双双站立的身影。正是他们，餐风饮露，不分昼夜，真正为老百姓的生命站岗。

汗水、泪水、消毒水，血浓于水；春节、元宵、情人节，捷报频传。经过全院上下一心，四医院度过了疫情最紧急的时刻，没有发生院内感染。而取得这些战果，发热门诊功不可没。

放射科：我是你的眼

大多数新冠肺炎患者CT都有异常表现，常见两肺有多发斑片状磨玻璃阴影、实变影，也可以表现为极为淡薄的磨玻璃阴影，小血管周围有局限性磨玻璃阴影。因此，新冠肺炎疑似患者到医院后首选胸部CT作为检查项目。可以说，放射科的CT检查是临床医生的“眼睛”。排查新冠肺炎的任务，放射科首挑大梁。

疫情就是命令，防控就是责任！

四医院放射科主任卢亦波带领全科人员迅速响应号召，全体取消春节休假，返回工作岗位积极备战。放射科20多名医护人员坚定地在请战书上签下自己的名字，并按下手印。“我自愿加入抗击新型冠状病毒肺炎疫情第一线，听从指挥，服从安排，为生命站岗，贡献自己的力量。”简短的语言，质朴的表达，这是每一位医务人员的责任与担当！

曾经历2003年抗击非典战役的卢亦波主任，在这次疫情初始就注意观察新冠肺炎影像学特点，敏感地意识到64排CT检查在诊断中的重要性。他带领放射科率先举行“传染病CT检查应急演练”，希望通过演练进一步提高放射科与临床科室的协同服务能力，增强科室人员应急能力及传染病防控意识。接到备战通知，卢主任主动取消原订回老家过年的计划，从大年三十开始，一直坚守在一线岗位，并时刻关注疫情最新动态，布置好科室的防控工作，亲自跟进科室防护用品库存和使用情况，确保一线人员基本防护用品得到保障。他在科室会议上表态：“我既是科室主任，更是共产党员，冲锋在前，发挥党员的先锋模范作用是我的责任。”

农工党党员，资深的主治医师滕毅斌，是抗击过2003年非典、2007年禽流感、2009年H1N1流感等重大疫情的 “老兵”，面对汹涌而来的新冠肺炎疫情，他第一时间从老家驱车赶回医院支援，主动请缨：“我有丰富的抗击疫情经验，2003年非典在隔离病区的工作场景，一天24小时连轴转的工作强度仍历历在目。我已经准备好战斗！”

莫移美和黎瑜是两名高龄孕妇，是放射科的重点保护对象，卢亦波主任考虑到她们行动不便，特意不打电话通知她俩。但正在家里享受团聚时光的她们，看到科室微信群里的消息，也毅然决然地连夜驱车从老家赶回医院上班，以实际行动抗击疫情。

根据疫情发展，放射科按照医院感染管理的要求，对各检查室、办公室和候诊大厅重新进行区域化管理，划分清洁区、半污染区及污染区，将放射科64排CT机房作为发热病人、疑似和确诊患者的独立专用机房，床单一人一换，放射防护设施一人一消，严格防控，避免交叉感染。他们还建立诊断、技术、护理人员一体化联防联控工作机制，定时定点对登记室、操作间、机房进行紫外线消毒及酒精喷雾处理，严格做好防护用品更换、区域隔离及废弃医疗物品的处置规范，做到科学防控，确保医务人员零感染。

除夕当天，发热门诊患者剧增，放射科候诊大厅人满为患。

坚守一线岗位的林军模主管技师按照感控预防标准“全副武装”地接诊了一百多名患者。在这样的工作强度压力下，他穿着密不透风的防护服，戴着紧勒耳朵和脸颊的口罩、面罩，准确完成每位患者的登记、摆位、检查等一系列操作。他用忍耐力挑战着生理极限，尽可能不喝水、少吃东西，避免上厕所，疲惫了，就趴在桌子上小憩一会儿。

隔离病区里确诊的新冠肺炎重症患者需要随时进行床边DR摄片来监测病情变化。这样的床旁检查需要近距离接触患者，感染风险大，还要穿戴多层防护服和沉重的铅衣，推着重达300多公斤重的机器，往返各楼层之间，既辛苦又危险。派谁进隔离病区呢？虽然之前大家也曾纷纷请战，但要进入隔离病区近距离地接触病人，会有人愿意报名吗？卢主任心里没底。他把通知发到科室微信群并说明是自愿报名，信息发出只一会儿，宋树林副主任、覃兴达、尹振兴、廖靖哲、滕毅斌、许承志、潘世荣、韦振敏等同志纷纷主动报名。宋树林的母亲长期卧床需要家人照顾，妻子已经怀胎9月有余，随时待产，但是作为科室副主任，他还是毫不犹豫第一时间带头报名。技术组组长覃兴达家中有两个尚且年幼的孩子，还有刚做完甲状腺手术的妻子在家休养，但他依旧毫无怨言，坚守抗疫一线岗位，并提出第一个进入隔离病区。尹振兴爱人在老家坐月子，自己一个人在南宁，他说：“我现在家里就一个人，没有什么负担，还是我第一个进去吧！”滕毅斌也积极请缨：“我经历过非典和禽流感等疫情的实战考验，有在隔离病区工作的丰富经验，我随时听从科室的安排。”本来许承志副主任医师在春节前已经提交了提前退休的申请，但是赶上疫情暴发，他毅然收回了提前退休的申请书，决定跟科室人员继续坚守岗位。他说疫情一天没结束，他就一天不退休，而且随时做好进入隔离病区的准备。已是“老将”的韦振敏主治医师、刚加入放射科团队的潘世荣副主任医师及廖靖哲技师纷纷表示已经收拾好行李，时刻待命，听从指挥，服从安排。卢主任事后告诉我，他为低估了同事们的政治觉悟而羞愧，为大家毫不退缩的勇敢和担当而感动不已。

奋战在抗疫一线的全体放射科人员不惧怕压力，勇于担当责任，为完成医院的阶段性目标做出了贡献。

抗疫战线上的『侦察兵』

我常说，传染病医院是卫生健康系统的特种部队，医务人员是这支特种部队的特种兵。而检验科医技人员则是特种兵里的“侦察兵”。在抗击新冠肺炎疫情过程中，“侦察兵”充分展现了他们的才华和魅力，让大家刮目相看。

新冠肺炎患者发病早期，血常规的白细胞总数正常或降低，淋巴细胞计数正常或减少。患者确诊需具备以下病原学或血清学证据之一：实时荧光 RT-PCR 检测新型冠状病毒核酸阳性；病毒基因测序与已知的新型冠状病毒高度同源；血清新型冠状病毒特异性 lgM 抗体和 lgG 抗体阳性。这些检测就是靠检验科来完成的。

我要求检验科在医务科、感控科的指导下尽快制订和完善相关制度与操作流程，做好检验人员个人安全防护和实验室的生物安全防护。检验科为此专门出台了针对新冠肺炎的《检验科新冠肺炎病人标本检测及处置流程》并进行了相关培训，同时成立了由 10 人组成的新冠肺炎标本运送应急小组，专门负责运送疑似或确诊新冠肺炎病人的标本，在符合检验条件的专用实验室使用专用实验仪器检测。此外，还成立了由7位技术骨干组成的新冠病毒核酸检测组，以确保核酸检测结果的准确性和检测人员的工作安全。新冠病毒核酸检测由首席检测专家韦善求主任技师负责，检测结果报告要由韦善求和科主任罗晓璐共同签名才能发出。

医院召开誓师大会后，检验科工作人员纷纷请战，自愿加入抗击新冠肺炎疫情第一线。

临检室组长罗晓成原本已经回到马山老家休假。除夕上午，得知科室内一台检验仪器出现了故障，通过视频沟通仍无法解决，罗晓成二话不说，立即赶往客运站乘车返回医院，中午1时许，她回到办公室，花了近一个小时终于排除故障。为了保证检测工作能持续正常运转，她主动留守值班，仅除夕当晚，她就接收了90多份发热病人的检测标本。

新职工韦宗佑初生牛犊不怕虎，主动要求上班，而且一度连续上白班和夜班。科室领导担心他身体吃不消，要求他休息，他却说："没关系，我能顶得住，能为抗击新冠肺炎疫情多做点工作，我很开心。"

如果说检验科医技人员是侦察兵，那分子诊断就是侦察兵手里的一把尖刀，新冠病毒核酸检测阳性或阴性，就是由这把"尖刀""挑"出来的。核酸检测常需加班加点做，得随叫随到。为了紧急排查，有时要做到凌晨两三点钟。在检测过程中，为预防交叉污染，标本到位后，每一个步骤的实施就像"走钢丝"，需要非常小心谨慎，否则就有可能前功尽弃，甚至有发生职业暴露的风险。每检测一批标本，前后耗时6至8个小时，如果标本量多时耗时甚至更长。因此，检测组每天都顶着巨大的身体和心理压力在实验室忙碌。

通过这次新冠肺炎疫情，我发现了检验科一位累不倒、拖不垮的"老黄牛"，她就是分子诊断室组长、主任技师韦善求。尽管她已经56岁了，但她的工作干劲、钻劲和韧劲连年轻人都自叹不如。春节前她原本计划利用春节假期回老家看望已经瘫痪在床两年多的父亲，但是面对来势汹汹的疫情，她毅然选择坚守在检测第一线，一干就是连续一个多月，没有休息过一天。

大年初二的上午，我一到医院就直接去到分子检测实验室的学习室，召集核酸检测人员了解工作进展情况，解决一些实际困难，同时也确定了所有新冠病毒核酸检测结果均需韦善求审核并和罗晓璐科主任共同签发，然后第一时间报告我的程序。从此，韦善求责任更大，也更忙碌了。正常情况下，她每天晚上11点后才能处理完工作回家。有时她正准备回家，却又接到我的电话，需要她对特殊病例进行紧急检测。说实在话，我也不忍心，但为了及时确定新冠肺炎患者，为了及时排查疑似病人，我不得不下死命令。我提醒她，实在不行就换另外的同志来做。她总是说："我还行的，为了让院长放心，还是我来做吧。"这一忙就要忙到凌晨两三点。这种额外的加班我已经记不清有多少次了，实在辛苦她了。

从2020年1月21日至3月2日，检验科工作人员共运送标本近200次，检测新冠肺炎疑似或确诊病例标本67批次1430例。这倾注了检验人员的心血，体现了"勇于担当、甘于奉献"的四医院精神。

经过这次疫情考验，我对检验科的这些"侦察兵"有了更全面的了解，也更迫切地认识到，需要进一步加大对检验科的学科建设和人才培养力度，使之成为名副其实的广西感染性疾病检验中心。

邕城与江城的同频共振

2020年2月上旬，全国的新冠肺炎疫情形势显得严峻和复杂，特别是武汉和湖北其他地区的形势，成为全国人民关注的焦点。“武汉胜则湖北胜！湖北胜则中国胜！”这已经成为全国上下的共识。

四医院是广西壮族自治区和南宁市新冠肺炎病人的定点收治医院，也属于抗疫的主战场，可用的医务人员也非常紧缺。但从大处考虑，四医院面临的困难肯定无法和湖北的医院相比，那里需要更多的医生，特别是呼吸科、重症医学科的医护人员。从医院建设的角度考虑，我们这样的传染病医院也应该参加这样的“大会战”。派出有抗疫经验的医护人员去湖北，去武汉，一来可以锤炼队伍，学习全国同行的先进经验，二来可以把四医院的传染病防治经验介绍给国内同行。

我在党委会上提出了这个想法，得到大家的一致赞同。南宁市卫生健康委党组书记、主任谢宗务也对我们的主动请战给予肯定，同意四医院派两名医生和三名护士参加援助湖北抗疫医疗队。2月16日，院党委发出抽调医务人员参加广西援助湖北抗击新冠肺炎医疗队的倡议，得到了全院广大职工的积极响应，一天之内有169名医生、240名护士共409人报名。经院党委研究，决定抽调重症医学科副主任刘升、结核病科医生周曼、急诊科副护士长倪丹丹以及护士莫平、李洁英等5位同志前往援助湖北。

队员出发的当天晚上，四医院一位退休的老主任给我发了短信："吴院长你好！从新闻上看见我院刘升等5位勇士前去武汉，为你点赞，佩服你的担当和远见。"

我感动于老主任能够理解我的作为，却也清醒地知道，勇士之勇，不在一时，而在于长久的坚持。对于这5位同事，我们在表达敬佩之余，还需要给予更多的关怀和鼓励。

这5位同事被派往武汉，在经过培训后于2月25日正式进入武汉协和医院西院区工作。刘升是病区七大医疗护理组的一名组长，莫平和李洁英为医疗队驻地感染防控组的感控专员。进入病区工作后，刘升每天都代表5名队员向我报平安，交流工作的感受。2月28日晚上，刘升在发给我的微信中说道："医院对我们的规范培训起了非常重要的作用，特别是出发前的针对性培训让我们在实战中受益，而且我们的队员在这几年都经受了疫情的考验，有较丰富的实战和防护经验。这些经历让我们在应对各种情况时表现得更加冷静和沉着，感谢医院一直以来的重视和培养。"3月2日晚，刘升说："我们逐步接手了临床医疗护理工作。我们都能独立对危重症患者开展诊疗护理工作，进展顺利。在这里俯卧位通气、胸腔闭式引流、纤支镜、血液净化、ECMO等的手段都应用于重症、危重症救治。……我们会注意加强感控防护，保护好自己。我也叮嘱大家保重身体，注意营养，吃饱了身体好，工作干劲才更足。另外，现在这边各种物资储备也充足，医院的各种流程设置科学合理，工作环境和条件也不错。请您放心！"

刘升的爱人也是四医院的一位医生。3月8日，刘升写给他爱人的信在院内微信群中流传，感动了全院职工。

“夜班归来，看到朋友圈里满满的祝福，猛然回想，今日是妇女节。忙碌的工作让我忘记了这个节日，但此时已是夜深人静，不忍打扰，默默写下这封信，一份迟到的问候，一份思念，致敬我最亲爱的人：你辛苦了，希望你永远健康美丽。你永远是我回家路上的一盏明灯，抗击疫情取得胜利，我一定尽快返航。”

邕城与江城相隔千里，但情感的纽带却不会因此受阻。

周曼的老家是湖北省孝感市，知道医院要派人驰援湖北，她在第一时间递交了请战书。医院同意了她的申请。临行前她说：“感谢有回家乡效劳的机会。”

倪丹丹刚被提拔为急诊科副护士长。这次讨论派人时，护理部大力推荐她。她在武汉隔离病房的工作认真细致，注意和病人沟通，很快获得病人的信任和好评。有位74岁的重症新冠肺炎患者，需要借助无创呼吸机经鼻罩进行呼吸治疗。进食时，要根据病情暂时停用呼吸机，改用鼻导管吸氧，同时监测生命体征及血氧饱和度，少食多餐。照顾这样的病人，护士要有极大的耐心和敏锐的观察能力。只要是倪丹丹上班，她都会主动承担这位老人家的护理工作。久而久之，老人家便将她的名字记下了，心里一着急，喊的都是：“丹丹呢？我要找丹丹。”

莫平分管的病人比较特殊：1个是老年痴呆症患者，3个是危重症患者。因为3个危重症病人都是留置胃管、尿管，还上了约束带，生活不能自理，医生下的医嘱相对较多，莫平要反复仔细地核对执行单、医嘱单、手腕带，确保准确执行医嘱。经常是她忙完危重症病人这边，就发现那位老年痴呆的阿公不见了。她急忙一个个病房去找，终于找着他并把他送回了病房。可刚进病房，却看见另一床的老人家摘下面罩，把自己垫着的尿不湿拉出

来，接住了嘴里吐出的浓痰，然后把尿不湿放在床边……莫平说："看到这一幕，我内心是有点崩溃的，但深吸一口气慢慢平复心情后，开始打开抽屉拿出纸巾，把老人家嘴角边、衣服上的痰液擦干净，帮他戴上了面罩。等我给他换完尿不湿，感觉腰都直不起来了。这时，床栏上的湿巾又掉在地板上，没想到旁边老年痴呆的阿公捡起来笑着递给了我。"老人家能有这样的表现，让莫平又感动又欣慰，顿时觉得"满血复活"了。

在武汉，最鼓舞医务人员的就是这些忙碌中的温情瞬间。

李洁英说，她管理的病人知道她来自广西，就主动和她聊起广西。有人夸奖："广西的啊，真是兵贵（桂）神速。你们来了我们就有希望了！"有人关切："你们也要做好防护！辛苦了，谢谢你们啊……"

而倪丹丹说起了她在武汉的"甜蜜时光"：一天深夜，结束工作后，她们一群年轻姑娘在路灯下等车，每人分到一根棒棒糖，戴着口罩吃棒棒糖，这样新奇的体验和武汉印象连在了一起。

正是这些平凡的人、平常的事、简单的话语构成了非常时期的风景，让人感受到了医患和谐、医患共鸣的美好，更感受到相隔千里的邕城与江城同频共振的力量。

附录

走文化引领发展之路

现代医院的竞争，除了医疗技术、医院整体素质、文明服务的竞争，更重要的是医院文化的竞争。近几年来，南宁市第四人民医院在激烈的医疗市场竞争中，独辟蹊径，文化引领，砥砺前行，闯出一条富有传染病品牌特色的强院之路，一跃成为全国传染病医院的排头兵。

传承创新，成功塑造传染病医院特色文化品牌

2008年底，医院新的领导班子组建后，医院主要领导审时度势，带领班子成员开展深入的调查研究，深化理解抗击非典的精神实质，对传染病医院的特点进行深刻剖析，在注重传承的基础上敢于破旧立新；提出以加强文化建设为主线，确立“改革兴院、人才强院、科研立院、文化固院、特色塑院”的建院理念。着力培育具有传染病医院特色的医院文化，以文化建设为踏板，走文化引领的发展道路，打破限制医院发展的瓶颈。认真组织搭建医院的文化框架，出台一系列医院文化元素：院徽、院旗、院歌、院训、工作观、宣传口号等；提炼传染病医院的核心价值观：为生命站岗。经过不懈努力，四医院成功培育了具有传染病医院特色的医院文化。全院职工弘扬大医精神，勇当传染病防控事业的排头兵。正是在这样的文化土壤中，医院孕育出了杜丽群这个享誉广西乃至全国的先进典型。她先后荣获南丁格尔奖章、白求恩奖章以及全国最美奋斗者、全国先进工作者、全国优秀共产党员等50多项荣誉称号，多次得到习近平总书记等党和国家领导人的接见。现在杜丽群已经成为四医院亮丽的品牌，杜丽群品牌是优秀医院文化的重要体现，是四医院57年传染病医院文化沉淀的结果，是几代传染病医院人智慧的结晶，彰显了传染病医院作为医疗行业特种兵的品牌效应。

崇尚人文，呼唤人文医学精神的回归

医学牵涉千家万户的健康和幸福，从古到今，无论中外，本身就是伴随着一种救赎、仁爱、乐善和守义的文化而产生。人文精神是医学职业的重要支撑。医学服务最需要的是人性的关爱和温暖的情怀，需要心理疏导、心灵抚慰。尊重生命、关爱病人是医生的基本道德。针对当前的医疗环境，四医院主要领导意识到呼唤医学人文回归迫在眉睫。医院组织中层干部和中级及以上职称者参加中国医师人文医学技能、心理咨询师培训；开展学习《唤醒医疗》等系列读书活动，开设艾滋病健康关怀室，与广西壮族自治区红十字会联合成立广西红十字南丁格尔志愿者服务队；与红十字会、殡葬部门合作开展临终关怀工作，为临终者和亲属提供更专业的人性化服务……所有这些从各个方面彰显了传染病医院的医学人文精神。多年来，我们的整个医疗护理团队一直在精心打造临床医疗护理的人文境界，以实际行动阐明了人文医学关怀的丰富内涵。这对改善目前比较紧张的医患关系具有重要的现实意义，能产生深远的正面影响。

深化改革，不断增强医院的综合竞争力

四医院领导班子深刻地认识到医院健康可持续发展的关键是要提升内涵建设，增强核心竞争力。因此，我们注重深化改革，并重新定位医院发展方向，推行综合发展战略，全面激活医院发展活力，构建医院发展新格局。在传承和发展传染病治疗领域优势和突出专科特色的同时，四医院关注和提升非传染病临床诊疗、危重症救治能力和预防保健公共卫生服务能力，锁定一个目标：把医院建成以感染、传染及急慢性相关性疾病为主要服务对象和重点学科，集预防、医疗、保健、康复于一体，并具备教学、科研结构和功能的传染病综合医院。

具体措施：一是科学整合科室，优化学科建设。自2009年以来，四医院先后增设了艾滋病外科病区、艾滋病/结核病双感病区、结核病第四病区、肝病第二病区、中医康复科病区，成立重症医学科、血液净化科、介入诊疗科、病理科、内窥镜室等临床医技科室，使学科设置更趋合理与完善，方便病人就医；时刻关注医疗安全措施的落实，紧盯合理检查、合理治疗、合理用药、合理收费。二是注重干部培训，加强人才建设。四医院对全院中层干部实行公开竞争上岗的选拔机制，实施灵活的用人机制；加强对管理人员在职在岗的培训，提升中层干部的综合管理能力；积极引进人才，加强人才梯队建设，与广西医科大学联合开办校外在职研究生培养点，培养了6个专业共76名在职研究生，加大培养和积极引进高级职称人才力度，正高级职称专业技术人员由2008年的1名增加到20名，副高职称人员由28名增至82名，硕士研究生由0到现在的30名，高级人才队伍不断壮大。三是加强硬件建设，完善医院设施。近几年，四医院通过政府财政支持立项建设，先后建成了广西艾滋病临床治疗中心综合大楼、标准化的负压隔离病房、设施功能齐全的医技大楼等；床位编制被批准

由原来的330张增加到550张。先后配置数字减影血管造影系统（DSA）、胸腔镜、腹腔镜、电子胃肠镜等医疗设备；不断完善硬件设施建设，打造园林式的庭院景观，成为自治区绿色环保医院（四星级），极大改善了患者的就医环境。四是加大教科研工作力度，教科研水平上了新台阶。医院近5年获南宁市科技进步奖6项，广西医药卫生适宜技术推广奖11项；在省级以上学术期刊发表论文531篇，与2010年之前的论文量相比翻了两番，2016年SCI论文实现零的突破；四医院还承担广西医科大学传染病学部分教学任务，成为广西医科大学护理学院研究生培训基地。

经过几年的改革与发展，医院的内涵建设不断完善，综合竞争力得到了全面提升。医院获得批准，成为广西艾滋病临床治疗中心和广西医科大学附属传染病医院。在这样的平台上，医院的学科建设、人才培养、教学科研、医疗护理质量和安全、服务能力和水平、医疗环境改善等各项工作都迈上了一个新的台阶。现在我们医院已经成为国内为数不多的学科设置比较齐全的传染病综合医院，不仅能为艾滋病、结核病、肝病等所有的法定传染病病人提供全方位的诊疗，同时还能为非传染性的普通疾病病人提供全面的服务。四医院收治的广西三大高发传染病——结核病、病毒性肝病、艾滋病业务量大幅度增长，承担本区域各种急危重症传染病的救治，各项业务指标和质量均达到三级传染病医院标准，部分传染病诊疗技术处于广西领先乃至国内先进水平。2016年初，医信天下发布的“2015年度中国医院影响力专科排行榜”，四医院荣登感染科专科全国第20名，华南地区第2名。这是医院核心竞争力的综合体现。

勇于担当，出色完成突发传染病防控任务

近年来，突发或新发传染病疫情防控形势依然十分严峻。禽

流感、手足口病、登革热、麻疹、埃博拉出血热和中东呼吸综合征等传染病疫情时有发生。作为传染病医院，我们勇于担当，履职尽责，带领团队出色地完成了一次又一次的突发传染病公共卫生事件的救治任务，受到了政府和社会的肯定和赞许。据不完全统计，近三年来医院成功救治重症H7N9禽流感病例2例、重症甲型H1N1病人2例；诊治季节性突发病，手足口病人5429例、麻疹923例、登革热410例；处置埃博拉出血热留观病例2例、中东呼吸综合征疑似病例2例。

近几年来，在各级党委政府的关心、支持和帮助下，医院党政班子带领全院职工共同努力，医院的各项工作取得了辉煌的成就——在市卫生计生系统年度目标管理考核中的排名逐年上升并位居前列；先后荣获全国艾滋病防治工作先进集体、全国医院后勤管理创新先进单位、自治区和谐单位、自治区绿色环保医院（四星级）、南宁市城市医疗卫生支援农村卫生工作先进单位、南宁市医疗卫生服务先进单位等荣誉称号。

传染病医院是医疗行业的特种部队，传染病医院的医务人员则是这个特种部队里的特种兵。从事传染病防控事业是艰辛的，能够冒着职业暴露和生命危险，坚守在没有硝烟的战场上去抗击各种传染病是值得骄傲和自豪的，因为我们所从事的是崇高和伟大的事业。我们一定不忘初心，继续前行！努力打造医院五个区域性中心：艾滋病临床治疗中心、结核病临床治疗中心、肝病临床治疗中心、感染性疾病检验中心、突发传染病公共卫生医疗救治中心。力争早日实现医院的近期目标和愿景：把医院建设成为立足首府、服务广西、面向东南亚，紧跟“一带一路”，国内一流的现代化三级甲等传染病医院。

（此文为本书作者参加2016年中国医院协会医院文化专业委员会年会而提交的文章）

中国医师节的感悟

在第一个中国医师节到来之际，我想起了美国特鲁多医生的墓志铭：有时是治愈，常常在帮助，总是去安慰。这名言如飘在空中的彩云让医学人文精神穿越时空，超越时代。这名言让我们感悟医生的责任和义务。

了解历史，你会发现中国的传统医学非常重视医学人文，有不少精辟的言论，比如：

夫医者，非仁爱之士，不可托也；非聪明理达，不可任也；非廉洁纯良，不可信也。

又如：博学而后成医，厚德而后为医。

再如：人命至重，有贵千金；一方济之，德逾于此。

当然，纵观中外现代医学，同样非常重视医学人文，通过以下叙述可得以证实：

美国当代医学人文学的奠基人佩里格里诺说：医学最可贵的品质是对于人类痛苦不可遏制的敏感。

我国著名外科医生吴孟超强调：为医之道，最要紧的是一个“德”字。

中国当代著名学者、作家、哲学研究者周国平说：技术与人文是医学的两翼，缺一不可。没有技术，医学没有躯干；没有人文，医学没有灵魂。

著名妇产科医生郎景和说：医生给病人开的第一张处方是关爱。

著名外科医生吴阶平强调，高尚的医德、精湛的技术和良好的服务是做一个好医生缺一不可的三要素。

应该说，医学人文精神的核心理念是敬畏生命：对生命的尊重与敬畏，对人类健康权利的维护与敬畏，对生命健康的关爱与呵护。

由此可见，医学人文精神是医生向善、求美、利他以及关注服务对象情感体验的精神。

作为医生，我们要先学会做人，再学会做事，后去从医。要先交朋友，再做手术。千万不要忘了医生的三大法宝：语言、药物、手术刀。

中国外科之父裘法祖曾自述两个亲身感悟医学人文的故事，我们也可以从中去感悟医学人文的真谛。

悲悯之心

1939年，我在德国慕尼黑大学医院开始了我的外科生涯。在我做外科工作一年以后，我的导师才允许我做第一个阑尾炎手术。记得我做第三个阑尾炎切除手术时，病人是一位中年妇女，手术后第五天这位女病人突然死去。尽管尸体解剖没有发现手术方面有什么问题，但我的导师盯住我的目光严肃而冷峻。他对我说：“她（死者）是四个孩子的妈妈！”

67年前的这一句话深深地印在我的记忆中，始终在教育着我，并影响了我在67年外科生涯中的作风和态度。

查体也是一种关爱

有一次，一位老妇人来门诊就诊，说她肚子不适好久了。我询问了病史，再让她躺下，又仔细按摸检查她的腹部。检查后她紧紧握住我的手，久久不放，说："你真是一位好医生。我去了六七家医院，从来没有一个医生按摸检查过我的肚子。你是第一个为我做检查的医生。"这几句话给我的印象极深。我想，像这样一项每一个医生都应该做的简单的常规检查，竟会对病人产生这样巨大的安慰。这说明我们很多医生没有去想：病人在想什么？还有一次，一位儿科老医生患了十二指肠溃疡，来找我问诊。我看到X线片上十二指肠球部有一龛影，诊断已经很明确，就不再给他做腹部检查。这位老医生回去后说："我很失望，裘医生虽然说了治疗意见，但没有摸一下我的肚子。"这又使我想到，一个医生有了病会有这种想法，那么，一个普通病人有这种想法就更能理解了。

裘法祖关于医学人文的感悟对我们应该有很大的帮助。其实感动中国大地的好医师们，如华益慰、胡佩兰、吴孟超、钟南山、郎景和等，都是技术精湛又饱含人文情怀的医生，是医学人文的典范。

如何学习发扬医学前辈的优秀品质，我认为我们应该从医学人文着手，去修复目前的医患关系，改善医疗环境。在目前新医改形势下，我们应该思考和反思：我们是不是更应该从医者身份出发，切实地为患者做点什么以缓解目前这样的矛盾。医院要把医药卫生体制改革任务落到实处，切实增强人民群众获得感，从根本上筑牢医患情感共同体和命运共同体。我一直坚信，目前医患之间缺乏信任的现象是暂时的，绝大多数医生是好的，而绝大多数病人及家属也是通情达理的。我们医生是为生命站岗的卫士，与患者本是一个战壕里的战友，共同的敌人是疾病，没有理由让我们医患相互对立。尊重生命、关爱病人是医生的基本道德，而病人尊重医生，就是尊重生命，也是尊重自己。在此，我呼吁我们的医务人员都要争当新时代的“白求恩式好医生”，和全社会一起努力，齐心重建良好的医患关系，营造和谐的医疗环境。

我们要努力做到：

第一，端正思想态度，不忘医者初心。钟南山曾说：“虽然现实的医疗环境还存在着很多亟待变革之处，但既然选择做一名医生，就应始终牢记，医学人文精神是医者的品质和社会责任，无论置身于怎样的环境都不能放弃爱心、责任心和进取心。”医改是大势所趋，我们在解读医改政策的同时更应该将关注点放在如何提高医疗安全系数、改善医疗服务质量上，还原医者的本真。

第二，提升业务能力，施展医者仁术。作为一名医务人员，面对当前日益变化的病情、新病种的不断出现，以及群众医疗消费需求的不断提高，要把“至精至微之事”做到“博极医源，精勤不倦”，要沉下心来专攻医术，要专心致力于医疗实践，不断积累经验，提升业务能力。

第三，弘扬医学人文精神，坚守医者仁心。医师看病先看人，因而医学人文精神是一切医疗工作的出发点和归宿，我们做任何事情都有动机和目标，而我们的动机和目标就是使得我们生活更加美好，使得我们的社会关系、自然关系、人和人之间的关系更加和谐，我们更加悦纳自己。我们应该将医患关系看作一件以心交心的事，用心服务，用心沟通，将精湛的医疗技术与医学人文结合起来，这就是我们必须坚守的医者仁心。

在央视《朗读者》节目中，吴孟超院士朗读了张晓风所写

《念你们的名字》的一段话，讲得非常好。我把它作为我今天发言的结束语：

你陪同病人经过生命中最黯淡的时刻，你倾听垂死者最后的一次呼吸，你的脸写在婴儿初闪的瞳仁中，也写在垂死者最后的凝望里。你陪同人类走过生、老、病、死，你扮演的是一个怎样的角色啊！

……

这世界上不缺乏专家，不缺乏权威，缺乏的是一个“人”，一个肯把自己给出去的人。当你们帮助别人时，请记得医药是有时而穷的，唯有不竭的爱能照亮一个受苦的灵魂……你们每一天所遇见的不仅是人的“病”，也是病的“人”，人的眼泪，人的微笑，人的故事……让别人去享受“人上人”的荣耀，我只祈求你们善尽“人中人”的天职。某些医生永远只能收到医疗费，我愿你们收到的更多——别人的感念。

我想这应该是我们每个医务人员的追求和境界。

（本文系本书作者于2018年8月19日在南宁市卫生健康委首个中国医师节座谈会上的发言）

『为生命站岗』的医院领航人

“健康所系，性命相托”是他的誓言，“用情、用心、有爱”是他的行医宗旨，从医36年，他身体力行用人文情怀架起医患之间信任的桥梁。他叫吴锋耀，现任南宁市第四人民医院院长，被称为“为生命站岗”的医院领航人。

在中国医师节前夕，白求恩精神研究会、中国医师协会印发《关于表彰“人文爱心医院”“人文爱心科室”和第三届“白求恩式好医生”“白求恩式好医生提名奖”获得者的决定》，吴锋耀被授予全国第三届“白求恩式好医生”荣誉称号。日前，记者走近吴锋耀，听其从医历程，探其行医心境。

扎根基层，练就过硬技术

1983年，吴锋耀大学毕业后回到家乡广西罗城仫佬族自治县乔善卫生院担任住院医生，从此与医疗事业结缘。

吴锋耀回忆，当年乡下医疗条件十分艰苦，病人多医生少，内、外、妇、儿、杂事不分等现象让他认识到，要为更多的患者服务，必须成为一位“多面手”。为此，他白天值班，晚上查资料，在知识的海洋中徜徉，汲取医学的养分，即使是休息时间，他也会去看询患者，用心交流，用情付出。当遇到有生命危险的病人时，他总是冲在一线，不顾脏臭，只为完成自己的使命。

在工作岗位上的出色表现，让吴锋耀在行医之路上肩负起更多的重任，先后担任乡镇卫生院院长、县防疫站科长、县人民医院科主任，并“转战”南宁市第三人民医院。2008年12月，吴锋耀调入南宁市第四人民医院任院长。在南宁市四医院工作期间，吴锋耀参加并指挥抢救了众多急难危重患者，每当遇到不理解、不配合的危重病人，他总是晓之以理、动之以情地与其耐心沟通，将生命从“死神”手中夺回。

心怀大爱，倾注真情关怀

面对当前紧张的医患关系，吴锋耀呼唤医学人文回归。他说：“‘为生命站岗’是四医院人对百姓永恒的承诺，而对患者用心、用情、有爱，是我们对他们最真的守护。”

了解到对口扶贫村的老黄双足受伤经久不愈，且因为贫困无法求医，吴锋耀便组织医院医疗队主动上门为其诊治，并为他提供免费住院治疗和生活帮助；在调研中无意中听说心脏病患者因家庭困难欲放弃治疗，吴锋耀立即向全院职工发出倡议进行爱心募捐，帮助这个家庭渡过难关……无论是在一线行医，还是守候在管理岗位上，吴锋耀对患者用心、用情、有爱的情怀始终不变。

不仅对患者饱含真心真情，对待职工，吴锋耀也是充满温情。他坚持“以职工为主体”，关心职工生活，推出了众多实实在在的福利，解决了职工的后顾之忧，让他们更好地为患者提供人文服务。

2016年7月，中国医师协会人文医学专业委员会授予吴锋耀“人文医生”荣誉称号。

打造品牌，引领精英为生命站岗

自担任南宁市第四人民医院院长起，吴锋耀坚持打造四医院的文化品牌、先模品牌和技术品牌，他认为，只有这样才能给医疗技术、服务品质和创新发展提供不竭的动力。

从2009年到2019年，院歌、院徽、院旗、院树、院花、办院理念等文化元素相继在四医院的沃土上诞生和启用，以“为生命站岗”核心价值观为主导的传染病医院特色文化体系得以成功建立。

吴锋耀提出“医者要以德为先，医乃仁术，无德不立”。在他与党委班子其他成员的带领下，四医院在医疗服务、行政管理和医疗技术层面先后孕育出抗艾先锋杜丽群、扶贫优秀第一书记杨修凯和“白求恩式好医生”邓建宁等极具正能量和颇有社会影响力的先进典型。

吴锋耀坚持筑起技术品牌，以提升技术助推医疗服务，坚持走又红又专的道路，实现传染病医院的健康可持续发展，助力解决广西传染病患者的诊疗和康复等难题。

三十六载漫漫行医路，吴锋耀坚持用心、用情、有爱地对待每一个病人，身体力行地展现内心浸满人文关怀的医者形象。

（本文为2019年8月19日《南宁日报》关于本书作者的报道，记者韦峭）

为生命站岗，建设最具人文情怀的特色医院

——广西南宁市第四人民医院创建『人文爱心医院』纪实

敬佑生命，救死扶伤。

甘于奉献，大爱无疆。

始建于1959年的广西南宁市第四人民医院，走过60年的风雨历程，从一家名不见经传的小医院，逐步发展成了如今广西区域内规模较大，南宁市唯一以感染、传染及急慢性相关性疾病群体为主要服务对象，集医疗、预防、保健、康复于一体，并具备教学、科研功能的国家三级甲等专科医院。医院始终坚持将“为生命站岗”的核心价值观贯穿于每一个服务细节，让“以病人为中心”的人文理念深入职工心中，引领职工用精益求精的医疗技术和医者仁心的人文品格，为群众提供人性化的诊疗服务；让“以职工为主体”的人文思想落到实处，激发职工工作热情和积极性，使职工得到满满的获得感、幸福感和归属感，实现医患关系的良性互动，为推进南宁市乃至自治区医疗卫生事业的发展做出了积极的贡献。

树医院人文品牌，厚人文发展基石

60年来，医院遵循“人文先行”发展方针，把在传染病防控奋斗历程中积累的特有文化作为基石，在党建引领下，以加强医院文化建设为主线，追求非对称文化优势，打造具有传染病医院特色的文化品牌。从2009年至今，院歌、院徽、院旗、核心价值观、院树、院花等文化元素相继诞生和启用，以“为生命站岗”核心价值观为主导的传染病医院特色文化体系成功建立，医院通过开展系列文化活动从根本上提升职工的文化自信，职工从不敢说自己是四医院人转变为主动和自豪地说起。在这样的特色文化土壤中，医院从医疗服务、行政管理和医疗技术层面，先后孕育出抗艾先锋杜丽群、扶贫优秀第一书记杨修凯和“白求恩式好医生”邓建宁三个极具正能量和颇有社会影响力的先进典型，形成了独具传染病医院特色的人文品牌。

医疗服务楷模推动由生物医学模式向生物—心理—社会医学模式转变。艾滋病科护士长杜丽群用爱心与耐心让众多陷入绝望而拒绝治疗的艾滋病患者重树生活信心，先后获南丁格尔奖章、白求恩奖章、全国优秀共产党员等50多项荣誉。在她的感召下，更多的医学毕业生和青年医务人员积极投身于艾滋病防治工作中，针对艾滋病病人的医疗服务从单纯的治疗身体疾病转变为提供人性化的诊疗服务和心理指导。

行政管理精英带动医院行政后勤服务能力提升。医院选派人事科原科长杨修凯到南宁市邕宁区百济镇新平村任第一书记，她为该村筹资金、引企业、拉项目，资助贫困孤儿，组织专家义诊和送医送药，号召医院职工捐款达26万元，带领新平村两年内高质量脱贫。她无私的爱与奉献赢得了百姓的信任与爱戴，获得“全区优秀贫困村党组织第一书记”光荣称号，成为《中国妇女报》推出的“2017年十大女性人物”，被央视票选为“2018年度时代女性榜样”。

医疗技术专家引领医务人员提高诊疗技术。艾滋病外科主任邓建宁率领团队创建艾滋病外科，以精湛的医术和高尚的医德点亮6000多名艾滋病患者的健康之路，为3000多例艾滋病患者施行外科手术，被评为全国第二届“白求恩式好医生”，荣立广西卫生健康系统个人二等功。

三个重大先进典型的影响力和感召力，激励着全院干部职工将“患者利益至上”“患者是第一位”的人文理念实践于医疗服务中，具有传染病医院特色的人文品牌成了医院的亮丽名片，对强化医务人员人文服务意识，促进医患关系和谐发展起到了积极作用。

奉人文诊疗服务，优患者就医体验

医院坚持“以病人为中心”，以改善患者就医体验为出发点和落脚点，给予患者最优质的医疗服务及最温暖的人文关怀。

一是筑起技术品牌，提升医疗技术水平。医院坚持走又红又专的道路，实现传染病医院的健康可持续发展，切实解决广西传染病患者的诊疗和康复等问题。近年来，医院增设艾滋病外科病区、艾滋病/结核病双感病区、中医科病区等病区，成立重症医学科、血液净化科、介入诊疗科、病理科、内镜诊疗科等医技科室，填补了广西艾滋病血液净化、重症医学和外科手术治疗等方面的医学空白，给艾滋病合并其他病种的病人带来了福音。

二是营造舒适环境，提供便民服务。医院建成和完善甲类传染病负压病房、医技楼、广西艾滋病临床治疗中心（南宁）大楼等基础设施；美化亮化院容院貌，建造花园式的休闲活动区、杏林休闲吧、儿童乐园等；设置便民服务车，到医院附近公交车站接送来院就诊患者；开设婴儿游泳馆和孕产妇瑜伽班；在门诊大厅设立音乐角，聘请身残志坚的音乐天才黄卓鹏作为医院职工为患者弹奏钢琴曲，为候诊病人及其亲属营造充满关怀、温暖的就医环境；实现“多渠道预约、实名制就医、自助机服务”的信息化建设及检验结果自助打印，实现银行卡、微信、支付宝多渠道支付及实现智慧社保诊疗一卡通的全面使用，缩短患者挂号、等候及就诊时间。

三是贴心服务患者，志愿活动暖人心。医院实现保护病人隐私的临时队列叫号，在门诊诊室、治疗室、多人病房设置私密性保护设施；在门诊大厅和临床病区设置志愿服务站和沟通驿站，优先为老幼残孕患者提供引路导诊、轮椅护送、心理疏导等志愿服务；成立广西红十字南丁格尔志愿者服务队和中国南丁格尔志愿护理服务总队南宁市第四人民医院分队，300多名志愿者走进病房、社区、乡村、教育机构、特殊场所等开展医疗救助、捐资助学、产业扶持，受益人数达3.7万人次。医院还招募已回归社会的HIV感染者加入志愿者服务队，在医院“红丝带之家”为艾滋病患者及家属提供同伴教育。医院志愿服务队获“全区优秀红十字志愿服务组织”“中国南丁格尔志愿护理服务2016—2017年度先进志愿服务分队”以及首届全国卫生健康行业青年志愿者服务项目大赛铜奖、2018年广西志愿服务项目大赛银奖。

四是爱心救助患者，彰显人文情怀。医院坚持公益性办院方向，把维护人民群众的健康利益放在第一位。医院免费为对口支援村镇的特殊病人做检查和手术等，全院职工曾多次为危重症手足口病患儿、贫困村先天性心脏病病人、肝衰竭重症患者捐款。曾有一位利用试管婴儿技术成功怀孕的35岁孕妇，在孕20周时患合并慢性重型乙肝加亚急性肝衰竭，须尽快终止妊娠才能保住其生命。任凭主管医师以及专家们如何劝说，患者都不同意终止妊娠。此后，院领导和医务人员用了10天时间轮流沟通和安抚，最终孕妇接受终止妊娠并在医务人员100多天坚持不懈的救治下康复出院。当了解到对口扶贫村的老黄双足受伤经久不愈，出现了多处坏疽及溃疡，但因贫困无法求医，医院组织医疗队员主动上门诊治，并为他提供免费住院治疗和生活帮助。当听到困难患者查出患有先天性心脏病却欲放弃治疗时，全院职工进行爱心募捐，在患者手术顺利并恢复健康后，医院还帮助联系保洁单位，为其提供工作岗位，解决其经济来源问题。此外，医院还在艾滋病病区设置临终关怀室，与红十字会、殡葬部门合作提供临终关怀及殡葬服务。

医院荣获“2016年度全国医院后勤管理创新示范单位”“广西医疗服务百姓口碑榜公益先锋奖、就医体验奖、医德医风奖”“2017年度全国改善医疗服务示范医院”“进一步改善医疗服务行动计划先进集体”“2018年度管理创新医院”等荣誉。

育和谐职工之家，增职工荣耀之感

作为医院的领航人，吴锋耀院长是人文医学的倡导者，也是忠实的实践者，获中国医师协会人文医学专业委员会授予“人文医生”称号。他说：“要想让职工对患者好，我们首先要对职工好。有了职工的满意才有病人的满意！”他在院内开展人文医学相关内容的全员培训，到广西区内多家市、县级医院进行人文医学主题的讲学。在他的提议下，院党委每年组织评选“白求恩式好医生”“白求恩式好护士”和人文医生、人文护士、人文科室等，激励全院职工努力奋进。

医院坚持将“尊重人才，关心人才，信任人才，培育人才”作为人才工作的出发点和立足点，为人才营造出平等、宽和、激励、创新的工作环境。院领导班子与有离职想法的年轻医生谈心，挖掘其身上的潜力和闪光点，鼓励其奋进，最终挽留了许多优秀人才继续为医院建设奋斗。医院通过开展学习《唤醒医疗》《唤醒护理》等读书活动，承办全国及自治区的继续教育项目培训班，定期邀请国内外知名专家教授来院开展学术讲座等，组织中层干部和中高级职称人员到区内外优秀医院考察学习和参加中国医师人文医学技能培训、心理咨询师培训，选派业务骨干到国内大型三甲医院进修学习以及赴美国、德国、匈牙利等国家深造，为提高医务人员的专业和人文素养搭建更广阔的平台。同时，通过建立王福生院士工作站、廖万清院士工作站、施焕中专家工作站和博士后创新实践基地，吸引更多高层次的人才，为职工职业发展提供更高端的科研平台。

医院坚持“以职工为主体”，关心职工生活。医院在重大节日开展民乐会、戏曲名段欣赏晚会、各类球赛等文体活动；制定推出女职工哺乳假政策，将158天产假延长至一年的假期，为哺乳困难职工送上“及时雨”；开设暑期幼儿托管班，对处于学龄前幼儿阶段的职工子女实施免费托管，解决职工暑期“后顾之忧”；针对职工子女开展“知艰辛，懂感恩，促成长”体验式夏令营活动，让职工子女成为职工“最坚强、最懂事的后盾”；实施民生福利工程危旧房改住房改造项目，为职工提供一个“温馨的家”；帮助职工子女联系就读离家最近的优质学校；家有子女中考、高考的职工在子女考试期间，医院给予休假，并对考上重点中学、大学的职工子女给予奖励。这些实实在在的惠民举措增强了职工的认同感、归属感和幸福感，获得职工的拥护和点赞。“我们一直以职工为主体，做到精神上鼓励、工作上帮助、事业上支持、生活上保障，让其舒心、顺心、安心地为患者精心服务。”党委书记兰江说。

如果说“为生命站岗”是南宁市第四人民医院对百姓永恒的

承诺，那么“用心、用情、有爱”则是医院职工对病人最温柔的守护。10年来，南宁市第四人民医院对外“以病人为中心”，对内“以员工为主体”，通过实施系统化的人文关怀服务，加快了“独具人文情怀的传染病医院”的建设步伐，推动医院走又红又专的传染病医院发展道路。未来，医院将不忘初心，朝着建设“立足首府、服务广西、面向东南亚，紧跟‘一带一路’，国内一流的现代化三级甲等传染病医院”的美好愿景砥砺奋进，为广西乃至中国的传染病防治事业和“健康中国”美好蓝图做出应有的贡献。

（此文发表在2019年10月18日《中国妇女报》，署名南宁市第四人民医院）

后 记

下辈子我还要当医生

我当医生30多年，当医院院长也有11年了。几年前，在和几位罗城老乡喝茶闲聊时，我说起了我的从医历程及感悟，作家何述强认为这样的经历和感悟对正在学医的学生或正在从医的医务人员会有所启示，在医院管理方面的体会对其他想要干事创业的人也会有参考意义，建议我拿起笔来写点东西。于是，我萌发了写一本“行医笔记”的冲动。这个冲动出现后，竟然扰得我寝食难安。2018年8月，首个“中国医师节”后，我就试图动笔，但每每动笔才明白什么叫“书到用时方恨少”，我总是找不到切入点下笔，总是感到无词可用。

2019年1月12日，在广西区党委原副书记、广西壮族自治区人大常委会原副主任潘琦的倡议下，由罗城仫佬族自治县驻邕老乡罗昌爱、吴代慧、潘耀州等人组成的编委会向罗城老乡发出征文通知：为了纪念中华人民共和国成立七十周年，为了记录仫佬山乡的文明与进步，拟出版首部反映仫佬山乡各族儿女为国奉献、体现个人成长事迹与体会的文集（后以《山乡飘出五彩云》为名出版）。文集征文对象包括罗城籍副处级以上领导干部、副教授以上教育科技人员、副主任医生以上医务人员、副团级以上军官等。一位编委特意跟我说，像我这样既是副处级领导干部，又是教授、专家的人，是征文的重点对象，必须要完成任务的。所谓有压力就有动力，为了完成任务，我把自己在乡卫生院工作时经历的三个案例如实地记录下来，加上自己的一些感悟，题目就用《我在乡下当医生》，写下来竟有四千多字。文章写好之后，我忐忑不安地把它发给了两位老乡作家（鬼子、何述强），让他俩帮我看看，必要时帮我修改一下。没有想到他俩对我的文章都给予了肯定，鬼子在发给我的微信上说："你的文章我看了，很好。重在经验和体验，写了成功，也写了'失败'，在说自己的时候，也说说别人，这是一种情怀。另外，你的文章叙述很干净，挺好。"何述强则建议："我认为你的文章是生活的发现，人生的感悟，经验的阐发，哲学的提升。送两句话作为你继续往下写作的指南：只有你身体抵达的地方，才是你的世界；只有你灵魂纠缠过的人，才是你的历史。如果你的思路清晰，叙述得准确，又有美感，耐人寻味，那就是文学了。你可以大胆地继续往下写。"

有了两位老乡作家的肯定和鼓励，我信心倍增，开始构思原计划想写的书。我翻箱倒柜找出多年积累下来的学习笔记本、工作笔记本：从在家乡求学到考上大学，从在乡镇卫生院开启自己的职业生涯到在县医院历练、到城市医院闯荡；从住院医生到医学教授，从一名普通员工到国家三级甲等传染病医院的院长……这历程像一幕幕电影画面在我脑海里来回播放。

行医之路漫漫，一路上的艰辛，酸甜苦辣，成与败、荣与辱，只有自己心里最清楚。30多年来，我在不同的场所救死扶伤，在医学领域充当不同的角色，始终坚持用心、用情、有爱地去对待患者，对待同事，对待下属。医路长行，感悟颇多，都记在了这本书里。

2019年8月17日，我在北京接受了全国第三届“白求恩式好医生”荣誉称号，我还站上了第三届全国医学人文大会“白求恩精神论坛”的讲台，代表97名“白求恩式好医生”和175名“白求恩式好医生提名奖”获得者向全国医疗卫生行业同仁发出倡议：在新时代继续学习白求恩精神。我全文宣读了《倡议书》之后，更感重任在肩，坚定了“我要做学习白求恩精神的倡导者，做如何当好一名好医生的布道者”的信念，也更坚定了完成这本《医路长行》的决心。

在我就任四医院院长11周年的2019年12月26日，医院和出版社为拙作《医路长行》举行了隆重的新书发布会，并计划春节前正式上市发行。这时，新冠肺炎疫情来了。2020年1月，全国人民都投入这场始料未及的疫情防控战争中。作为传染病专科医院的一员，我和我的同事们义无反顾地投入抗疫最前线。

从2020年1月21日收治第一例新冠肺炎疑似病人，1月24日收治第一例确诊病例，截至2020年3月2日，四医院发热门诊接诊患者2330多人次，隔离病区共收治病例179例，其中新冠确诊病例58例（康复出院56例，转院2例）、疑似病例70例（均已排除），其他留观、排查病例51例。在这个过程中发生了许多令人感动的故事。出版社的编辑在这期间一直和我保持着联系，建议我写下新冠肺炎疫情的防控故事，充实《医路长行》原有的书稿，并尽快出版。我很赞同出版社编辑的建议，此次新冠肺炎疫情之重大、形势之严峻，是我生平所未见；各职能部门联防联控的实践，医疗卫生系统协同合作的经验，医患之间合力对抗病魔的感人故事，都应该得到记录，形成思考，或许对将来有所裨益。每天结束工作之后，我都想着把当天的见闻和感受记录下来，但每每坐在电脑前面，却打不出一个字。现在回想起来，我那时候整个人都是绷着的，心里想的都是前所未有的新冠肺炎疫情，挂念隔离病区里的新冠肺炎患者，担心全院医务人员特别是隔离病区内医务人员的防护和安全……内心无法平静，也就无法下笔。经过39天的决战，3月2日下午3点，随着最后3名新冠肺炎患者治愈出院，四医院实现了确诊患者全部治愈出院，取得了确诊患者“0死亡”、医护人员“0感染”的阶段性胜利。这时我的心情稍微平静，就拿起笔将抗疫期间发生的事情记录了下来。

《医路长行》面市之际，国内的新冠肺炎疫情已经得到有效遏制，国外的疫情则呈现蔓延之势。对于这一尚未有上市疫苗，也没有特效药的新病毒，人类还有许多功课要做。但我的心里并没有恐惧。每一次抗疫阶段性的胜利，不过是下一阶段工作的基础；每一次重大挑战过后，往往是医学科技的重大突破和公众健康素养的极大提升。对于医生来说，医学之路没有终点，医生陪伴病人的职责总在继续。

《医路长行》不但标记了我作为一名医生的幸福感，也呈现了我成长之路的重要落脚点。我由衷地希望，这些平常的小事能够在读者的心里泛起涟漪，解答一些困惑，带来一点共鸣。

最后，感谢漓江出版社何伟、黄圆两位老师的无私帮助和精心编辑，感谢作家鬼子、何述强和医学人文专家高金声教授的精心指导，感谢袁永林少将、王福生院士和作家何述强为本书作序。感谢和我一路走过来的同事、朋友，感谢家人的理解和支持。

2020年3月31日